自律高手

不靠意志也能培养的自控力

[日] 堀田秀吾 木岛豪 著

段宏芳 译

科学的に自分を思い通りに動かす：セルフコントロール大全

清华大学出版社

北京

北京市版权局著作权合同登记号　　图字：01-2022-6395

科学的に自分を思い通りに動かす　セルフコントロール大全
KAGAKUTEKI NI JIBUN WO OMOIDORI NI UGOKASU SELF CONTROL DAIZEN
Copyright © 2022 by Syugo Hotta, Go Kijima
Illustration　by Takayanagi Kotaro
Original Japanese edition published by Discover 21, Inc., Tokyo, Japan
Simplified Chinese edition published by arrangement with Discover 21, Inc.
through Chengdu Teenyo Culture Communication Co.,Ltd.

图书在版编目（CIP）数据

自律高手：不靠意志也能培养的自控力 /（日）堀田秀吾,（日）木岛豪著；段宏芳译 . —北京：清华大学出版社，2023.3

ISBN 978-7-302-63017-3

Ⅰ . ①自… Ⅱ . ①堀… ②木… ③段… Ⅲ . ①自我控制－通俗读物 Ⅳ . ① B842.6-49

中国国家版本馆 CIP 数据核字 (2023) 第 038713 号

责任编辑：顾　强
装帧设计：方加青
责任校对：王荣静
责任印制：曹婉颖

出版发行：清华大学出版社
　　　　　网　　　址：http：//www.tup.com.cn，http：//www.wqbook.com
　　　　　地　　　址：北京清华大学学研大厦 A 座　　　邮　　编：100084
　　　　　社　总　机：010-83470000　　　　　　　　邮　　购：010-62786544
　　　　　投稿与读者服务：010-62776969，c-service@tup.tsinghua.edu.cn
　　　　　质　量　反　馈：010-62772015，zhiliang@tup.tsinghua.edu.cn
印　装　者：三河市东方印刷有限公司
经　　　销：全国新华书店
开　　　本：148mm×210mm　　　印　　张：6.75　　　字　　数：204 千字
版　　　次：2023 年 4 月第 1 版　　　印　　次：2023 年 4 月第 1 次印刷
定　　　价：69.00 元

产品编号：098445-01

"工作磨磨蹭蹭的，今天的任务又没完成。"

"刷视频、看电视，好好的假期就这么浪费了。"

"明明肚子不饿，却一直吃个没完。"

想必很多人都有过这样的经历。

在一天快要结束的时候，一边反省着"今天也没能做到……"、发誓"明天一定要做！"，一边进入了梦乡。

你是不是也总把拖延的责任归咎于自己，责备自己"是个没用的人"呢？这样的生活状态，就到今天为止吧。

自我管理能力弱，并不是因为你的意志特别薄弱，也不是因为你的忍耐力不够。

你只是不知道 "让自己行动顺利的小窍门其实就是自我调控方法" 罢了。

令人吃惊的是，人类并不是由自己的意志来决定行动的。

其实人类是一种惯于按照周遭的环境和状况，以最小力量赢得最轻松的生存状态的生物。

能够凭借一腔"干劲"和自身"意志"坚定不移地朝着目标行动的人，真的不多。

在本书中，我们要告诉大家的是如何按照自己的想法去展开行动，而不是去寻找那看不见摸不着的"干劲"来让自己充满斗志。

本书介绍的是一些简单易行的自我控制方法的小窍门，并且这些方法都在医学、脑科学、心理学等的研究中得到了学术性、科学性的证实。

这些自我控制方法是从全世界 114 项研究结果中归纳出来的，你一定能在里面找到适合你的方法。

放弃"今日事今日毕"的想法吧！不要勉强自己完成每天"想做的事情"，以最棒的心情度过每一天吧！

合理利用"先身体，后大脑"的脑科学规律，成功控制自己！

现在，科学界已有定论：对于某行动指令，其实是肢体行动在前，大脑反应在后。

很多人都认为，应该是大脑先发出指令，肢体再去执行指令。

但是，随着科学的进步，目前已经证实，人类是肢体行动在前，而大脑则会根据肢体行动做出反应。

简单举个例子吧！当你和别人玩剪刀石头布的时候，在你想出"布"之前，你的身体已经做出了"布"的动作。这件事乍一看令人难以理解，但这的确是无数实验证明过的事实。

大脑作为"指挥部"，被封存在我们的头盖骨内，大脑自身是无法感知任何东西的。因此，大脑便根据肢体动作、感官感觉等传递到"指挥部"的各种信息进行综合判断。

这意味着在进行自我控制的时候，"具体的行动，即行为"是非常重要的。

因此，我们以"怎样做才能更好地控制自己"为主题，将全世界科学家们的研究成果整理成此书。

来自研究者和医生的提案
健康管理自我身心的方法

本书最大的特点是合著。本书是由明治大学教授、心理语言学家堀田秀吾与医疗法人社团 EPIC DAY 东京医疗诊所和平台站前院院长、医生木岛豪先生共同完成。

本书主要关注的是我们的身心健康与活力，所以，才有了堀田和木岛这对组合。堀田是心理语言学家，关注的是心理领域；木岛是医生，关注的是身体科学。

堀田是一位语言学家，他的研究方向是"法律语言学"，主要研究法律世界中沟通交流用的各种语言。他还曾接受警察和法律工作者的委托，负责分析各种证据，为搜查和审判提供依据。

因为堀田的分析结果很可能会影响涉案人员的人生，所以必须尽量准确。这就要求他不仅要具备语言学和法学的相关知识，还要对"人"有更广泛的了解。为此，他便积极采用心理学、脑科学、社会学等相邻领域的研究方法。

当堀田以这样的知识为基础来观察我们的日常生活时，就会更加深切地体会到自我控制的重要性。

这些涉案的人群中，有不少人一开始就知道自己不该这么做，但是却没能控制住自己。此外，像药物依赖症、扒窃依赖症等与犯罪有关的各种依赖症，治疗时所需的大脑功能其实与戒酒、戒烟等所需的大脑功能没有太大区别，因此可以说是全部依赖于自我控制。

而本书的另一位作者木岛则从医生的立场出发，不仅介绍了与身心相关的医学知识，还介绍了一些只有每天深入接触患者身体才能获得的宝贵经验。

木岛医生多年来一直专攻循环器官科学，从 10 多年前起开始致力于皮肤科、美容内科及抗衰护理。他诊疗时不仅着眼于疾病的治疗，还着眼于患者生活质量的提高。

在这本书中，我们将自我调控方法分为"工作中的倦怠""生活中的倦怠""身体上的倦怠""心理上的倦怠"4种情况来进行介绍。

重申一遍：人类是肢体行动在前，而大脑反应在后的。

要想更好地控制自己，必须先动起来！

从这个意义上来说，当你对自我控制产生了兴趣并读完了这篇序言，你的自我管理能力可能已经提高了。

所以，请一定要读完这本书！

堀田秀吾、木岛豪

本书的特征

特征 **1** › **通过【观察点】加深理解**

本书第1章的主题是工作，第2章的主题是生活，第3章的主题是身体健康，第4章的主题是心理健康。本书列举了我们工作生活中可能会遇到的各种不好把控的场景，你一定能从中找到曾经在你身上发生过的现象。并且，本书还会介绍一些问卷调查或实验研究的结果，并对每种现象进行【观察】，以便更深入地说明"如何进行自我管理"。

特征 **2** › **以全世界的研究结果为依据，整理出95种自我调控方法**

本书介绍的自我调控方法是基于脑科学、心理学、医学上的实证研究而归纳整理出来的。本书引用了114项研究，其效果都是经过大学和研究机构验证的。本书一共介绍了95种自我调控方法，相信你一定能从中找到适合自己的方法。

特征 **3** › **简单易行的具体行动方案**

遵循"肢体行动在前，大脑反应在后"的理论，坚持介绍一些简单易行的具体行动方案，帮助读者做到自我控制。首先，通过一些简单行动激发干劲，只要能坚持下去，就一定能提高自我管理能力。文中介绍的都是一些具体的事例，可操作性强，日常生活中都能用到。

目录 · 检查表

本书所列出的目录，也正是一张能判断自己自控能力的检查表。

看看自己符合多少条吧！先从那些符合自己情况的条目下手，就能积极地度过每一天。

1 ^章 工作中的倦怠

小计 ☐☐☐ ／14条

2章 生活中的倦怠

小计 ☐ / 12条

3 章 身体上的倦怠

小计 ☐ / 10条

4 章 心理上的倦怠

特惠下载

扫描下方二维码，即可获得《自控力检查表》电子版。
下载后可多次使用，千万不要错过。

调查表

1章

第 1 章

工作中的
倦怠

1 明明必须工作了，却总也坐不住板凳

身为打工人，你是否在态度积极地努力工作？身为学生，你有没有积极主动地努力学习？

长期以来，无论是公司职员还是在校生，都会因为在意周围人的看法而强制性地约束自己去完成一些任务。但当我们开始远程办公或者居家学习时，由于周围少了那些约束的目光，很多人的学习或工作也许就停滞不前了！

此外，也许有人还有过这种经历：明明马上就要考试了，却不知为何会拿起扫帚开始打扫房间，企图逃避现实。其实，人们都希望有一种方法能自律而高效地投入工作和学习中去。

观察点 1 > 先坐住板凳！

近年来，关于人类"肢体行动先于大脑反应"的观点，已成为科学界的常识。

包括笔者在内，我们曾经都认为应该是"大脑先发出指令，之后肢体再执行命令"，但通过对肢体行动和脑电波的配对测量，科学家发现，二者之间并不是"大脑→肢体"的顺序。

? 一项关于"行动指令是由大脑发出还是由肢体发出"的研究

加利福尼亚大学李贝特（Benjamin Libet）等人的一项研究发现，大脑实际做出某动作的时间，比意识到该做此动作的时间平均要早0.35秒。

因此，要想有干劲，必须先得干。**很多人想通过寻找到那看不见摸不着的"干劲"来让自己充满斗志，但其实都是无用功。**

拿起铅笔！

大脑指令比肢体行动要稍晚一些

创造出强制执行的环境

环境支配着人类的决策。先创造出一个"无路可逃"的环境，之后你就会别无选择，只能去做。

如果你玩起游戏、刷起短视频就精力充沛，干起工作来却无精打采，那么你就可以试着将游戏机或手机交给家人保管，不让自己接触到手机。如果你无论如何也坐不住板凳，那就创造一个"无路可逃"的工作环境。比如，你可以找一家心仪的咖啡店或定期租用一间付费自习室，只带着钱包和工作中可能用到的工具过去，这样就将自己逼到一种不工作都可惜的境地了。

此外我还建议你将自己的房间打造成一个有工作意愿的空间。具体做法请参考以下关于气味和干劲的研究。

一项关于气味和干劲的研究

早稻田大学的斋藤等人针对大脑活动进行了一项研究，他们将实验对象安排在一个空间内，并让此空间内充满了实验对象喜欢的香味。结果发现，此时实验对象大脑中与行为动机有关的部位被激活了。这表明，一个人身处在自己喜欢的香味所包围的环境中，会更加有干劲。

你不妨试着把自己的房间变成一个舒适的场所。你可以试试焚香，或是在室内放置一瓶香氛，这些都有助于提高干劲。

写下"努力工作"贴在墙上

肯定有人会说:"就是做到了上面的方法,我也坐不住板凳啊!"其实,我也很能理解这种烦恼。

即使明白了"肢体行动先于大脑指令"的道理,多年来的习惯也使得人们依然想要充满干劲地去工作。想要解决这个烦恼,不妨看看乌得勒支大学的亨克・阿尔兹(H. Aarts)等人进行的这项研究。

一项关于激发干劲的研究

阿尔兹及其同事将 42 名大学生分成三组进行实验,要求他们盯住电脑屏幕,当屏幕上出现"握"的命令时,就将握柄握住并坚持 3.5 秒。实验开始前,他们给每个组出示了一些不同的单词(用以观察不同的语言刺激对后续实验结果的影响)。

①**A组:看到的是"好""舒服"等褒义词和一些与实验毫无关系的"进一步""周边"等中性词。**

| 褒义词 | + | 中性词 |

②**B组:看到的是中性词以及"努力""积极"等与努力有关的词,但并未看到褒义词,因此未在潜意识中建立起努力与褒义之间的联系。**

| 中性词 | + | 与努力有关的词 |

③**C组:看到的是中性词、与努力有关系的词和褒义词,在潜意识中建立起了努力和褒义之间的联系。**

$$\boxed{中性词} + \boxed{与努力有关的词} + \boxed{褒义词}$$

实验结果表明，无论是反应时间还是握力达到最大值的时间，最快的一组都是C组，其次是B组，最慢的是A组。

从中我们可以看出，**与努力有关的词汇可以激励到我们，并且，这些词与含有褒义的、积极意义的词汇结合起来使用会更加有效。**

总之，从科学的角度看，在房间里贴一些"加油！""马到功成！""苦心人，天不负！"之类非常经典的、有积极意义的标语确实有效果。

因此，实在坐不住板凳的人，不妨试试在房间醒目的位置贴上"努力奋斗！"之类的标语来勉励自己，同时再添上一句"好好工作！出人头地！"之类带有积极意义的口号。虽然被别人看到时会有些尴尬，但确实值得一试。

2 边工作边上网冲浪

在电话销售公司等工作氛围比较自由的企业工作的人也许都有过这样的经历，比如不自觉地就想拿起手机刷刷短视频，看看短消息，或是浏览一下新闻等。

玩手机、上网冲浪等不良习惯很容易耽误工作进度，降低工作效率，最终痛苦的其实还是你自己。为了让自己能有个好未来，我们不妨也试着用一些自律的方法，来纠正这些不良工作习惯吧！

观察点 1 > 远程办公压力下，上网冲浪的人也多了

首先，让我们来关注一下近年来飞速普及的"远程办公"。我们经常可以看到"远程办公提高了工作效率"之类的报道，但此类消息所采用的数据通常都来自顶级IT公司。

一些公司确实是因为远程办公而提高了工作效率，而这类公司往往有着如下的共同点：能够创造出一个全公司都可以远程工作的环境，同时拥有一些自我控制能力超强、能在远程办公环境下自由自在工作的员工。

而不具备这些条件的企业，即使能够基本实现远程办公，工作效率也不会太高，甚至会出现盖个章也得跑一趟公司的现象。

日本Recruit Career公司曾于2020年9月进行了一项名为"新冠疫情下职场员工个人工作意识"的调查。调查结果表明，在有过远程办公经历的人之中，约有60%的职员感到远程办公比在办公室工作压力更大。

▼ 远程办公带来的压力主要表现在：

①办公时间不明确，相当于随时待命；

②家人在身边，无法顺利开展工作；

③沟通不顺畅。

据报道，近年来，因远程居家办公而患上抑郁症的人不在少数。

他们不习惯远程办公，以前也从未居家工作过，所以感觉压力很大。为了逃避这些压力，许多人便开始玩手机、上网冲浪，希望暂时从工作状态中解脱出来。

观察点 **2** > **适时休息、转换头脑**

如果你是爱上网冲浪的人，那我建议你想个办法强制自己回到工作中。比如，你可以和同事用通话软件保持联系，起到互相监督的作用。如果你是爱玩手机的人，那我建议你将手机锁进带计时功能的保险柜中。

话虽如此，但人的注意力一般都不会持续太久，单调的工作确实会让大脑失去动力，注意力也会随之下降，此时就需要新的事物来刺激大脑，让大脑保持兴奋状态。

一项关于注意力的研究

新西兰坎特伯雷大学的赫尔顿（W. S. Helton）和罗素（P. N. Russell）等人曾做过一项测试：在一个显示器的界面上持续显示出一个不断变化位置的椭圆，让实验对象识别出椭圆出现的位置。他们将实验对象分为以下三组进行了测试：

第①组：休息约两分钟。

第②组：除椭圆外，还在显示器上显示数字和文字等其他内容。

第③组：持续不断识别。

实验结果表明，有过休息的第①组测试成绩最好，一直在持续识别的第③组测试成绩最差。

　　上网冲浪并不能让我们的大脑得到很好的休息，反而只会分散我们的注意力，还不如去喝杯咖啡来得有效果。关于这点，本书在第38页还有更详细的介绍。如果你想转换一下头脑，也可以把手头的工作放一放，先做点别的工作。

自我调控
方法 **1**

引入正念

　　有人曾针对压力状态下如何抑制上网欲望进行了一项研究。

一项关于控制上网欲望的研究

　　　　华中师范大学孙晓军教授等人的一项研究表明，"正念"可以控制住人们想要上网的欲望。

　　所谓正念，简单来说就是将意识转向"当下"。其训练方法如下：**闭上眼睛，把注意力集中到自己的呼吸上**。摒弃杂念，不对事物进行"好""坏"等价值判断，把注意力放在当下。

　　正念具有缓解失眠症状、缓解压力、提高专注力和记忆力等多种效果，不但可以控制自己想要上网的欲望，对日常生活也很有帮助。我们不妨试试。

浏览一些可爱的照片

也许有人会说，我定期休息过了，也时不时地给大脑新的刺激了，但即便如此，有时候还是会不经意间拿起手机看看，等回过神来才发现时间已经过去很久了。说实话，这种状态确实是比较麻烦的。

在这种情况下，你可以试试下面的方法，提高专注力。

先看看广岛大学的入户野等人的研究。

一项关于提高专注力的研究

研究团队选取了132名大学生，要求他们去完成任务 A（需要手指灵巧）和任务B（需要从序列中找出指定的数字）。在任务开始前，研究团队将这132名大学生分成三组，让他们按自己喜欢的顺序对七张照片进行排序。

第①组：对小动物（狗崽和猫崽）的照片进行排序。

第②组：对成年动物（狗和猫）的照片进行排序。

第③组：对美食照片进行排序。

研究团队对比了看照片前后学生们的任务完成率和正确率，发现看过照片后，第①组任务A的成绩提升了44%，任务B的成绩提升了16%，而第②组和第③组没有明显的提升。

每个人都有自己的品位，但总的来说，与成年猫狗相比，一般人更喜欢小猫小狗。入户野等人也将学生们任务完成率的提高归因于看到了那些可爱的图片。

换句话说，<u>浏览一些可爱的图片就能提高我们对工作的专注力</u>。这种方法既简单又省时间，因此我强烈推荐。

如果你实在控制不住自己想玩手机，那就看一些可爱的图片吧！它能使你在接下来的工作中更加专心。

入户野等人还研究了"可爱"这一情感的功能，并对其进行了相关实验。实验结果表明，人类如果觉得某事物"可爱"，为了更好地体会这种可爱，会更加关注该事物的细节。

第①组之所以能取得好成绩，也是因为他们对细节的注意力得到了提高。

3 计划书写不下去

写计划书是很多人都要面对的一项工作，因为它需要用到创造性思维，所以很多人束手无策，对着电脑想了半天，屏幕上依然是一片空白，时间却悄悄地溜走了……

有些工作是不需要经过太多思考的，操作方法机械简单，要达到的目标也清晰可见，就算步骤复杂一些，人们也可以机械地进行下去，直到将它完成。但那些需要想象力和策划力的工作却不一样，有时你想上一整天，也不会有多大进展。

那么，本小节就为大家介绍一些能帮助我们提升创造力的方法。

观察点 1 > **常规工作和能发挥创造力的工作所需要的能力是不一样的**

常规工作是指那种按部就班的、根据以往经验就可以完成的工作，如将已经做好的计划书整理成文件或幻灯片等。

但在做这项常规工作之前，首先需要做出计划书才行。而写计划书、做策划却很难依靠以往的经验来完成，因为它属于创造性工作。**实际上，脑科学认为，对于"做计划"和"将计划落实"这两种指令，大脑的处理方式也是不同的。**

曾经有人做过一项研究，认为办公桌过于凌乱会使人难以集中精力投入到工作中。但明尼苏达大学的凯瑟琳·D. 沃斯（K. D. Vohs）等人的研究则认为，凌乱的环境能更好地激发创造性思维。

11

如果把前者看作常规工作，把后者看作创造性工作，我们就能很好地理解这两项研究的合理性了。

一项关于激发创造性思维的研究

沃斯等人将48位实验对象先后安排在两个不同的房间进行实验。

第①个：干净整洁的房间。文件、书籍都整整齐齐地摆放在书桌上。

第②个：凌乱的房间。文件、书籍散落在书桌上、地板上。

沃斯等人要求实验对象为一家乒乓球制造商策划乒乓球的新用法，这是一项需要用到创造性思维的工作。实验结果表明，实验对象在第②个房间表现出的创造力更强。他们由此而证明了环境能够改变一个人的好恶和选择，也能改变一个人的行为。

沃斯等人进一步分析了其中的原因。他们认为，在整洁的环境中，人们往往会因遵循传统和习俗而去专注于学习和工作，而凌乱的环境则会让人们摆脱传统，解放天性。

观察点 2 > 默认模式网络状态下更能创新

刚才提到的"解放天性"状态，实际上指的就是大脑的无意识状态。华盛顿大学的马库斯·E. 雷切尔（M. E. Raichle）教授曾提出大脑的默认模式网络（default mode network）的概念，称大脑处于此状态时所使用的能量，是专注执行某指令时使用的能量的15~20倍。

所谓默认模式网络，一言以蔽之，就是与"专注"相反的发呆状态。也就是说，是大脑被解放的状态。在这种状态下，负责"专注"的大脑区域开始休息，而大脑中别的区域便开始工作，所以会产生不同的想法。

确实，当我们为了获得一个好创意而绞尽脑汁的时候，往往都会陷入僵局。但若我们放下执念去散散步、泡泡澡，或是去睡一觉，说不定就会灵光乍现了！这样的经历我想很多人都会有吧！

自我调控方法 **1** ## 用一杯咖啡来唤醒自己

根据上述研究成果可知，在进行策划工作和常规工作时，我们使用的是不同的大脑模式，所以应该分开进行。

做策划、想创意最理想的时间段是早上"刚起床"的时候，因为刚起床时，大脑处于放空状态，什么都没想，什么负担都没有。很多人都研究过大脑的放松状态，他们发现，当你有意识地想去发呆的时候，大脑便会发出"发呆"的指令，结果不仅进入不了发呆状态，反而会感到一丝紧张。这说明我们越是有意识地想做某事，就越远离默认模式网络，最终一定会适得其反。所以，思考创意最好是在刚起床的时候进行。通过这项研究，我们也就能理解为什么那些有着超强策划能力的企业家们都爱早起了。

此外，关于什么样的场所更能激发人的创造力这一问题，伊利诺伊大学的米依塔（R. Mehta）等人也进行了一项研究。

一项关于杂音与创造性的关系的研究

人们将无声至50分贝左右的环境称为"安静环境"，将70分贝左右的环境称为"噪声环境"。热闹的街道、公交车内、咖啡店内等场所都属于噪声环境。米依塔等人的研究认为，在这种噪声环境下，人们的创造力更高。

此外，阿肯色大学的扎贝利纳（D. L. Zabelina）和北卡罗来纳大学格林斯波罗分校的西尔维娅（P. J. Silvia）也进行了一项关于咖啡因和创造性的研究。

也就是说，如果你要做一个新的策划案，请不要喝太多的咖啡，一杯就够了。

再结合前文中提到的研究成果，我建议大家早晨上班前不要在咖啡店玩手机，而是好好地喝上一杯咖啡。

自我调控方法 2 洗桑拿

人们过去常说"左脑负责逻辑，右脑负责创造"，认为开发右脑可以提升创造性思维。但近年来，许多研究对这种划分提出了质疑。一些研究表明，当大脑处于创造性状态时，整个大脑都会运转，不分左右脑。

关于大脑的研究至今尚有许多未知的领域等着我们去探索，但目前可以肯定的是，当你逼迫着自己去思考某个策划案的时候，大脑只能集中一部分的注意力在这件事情上，这个时候反而想不出任何创意。

如果此时你需要强制性地重启你的大脑，不妨去蒸个桑拿试试。

在桑拿房内最适合整理思绪，放空大脑，也更容易达到默认模式网络状态。

据说，默认模式网络启动后，大脑进入创造性思维活跃的状态，阿尔法脑电波也会随之出现。

一项关于桑拿与脑电波的研究

千叶大学李教授（Soomin Lee）等人的一项研究表明，早上洗桑拿后头顶部产生的阿尔法脑电波的密度要比淋浴和泡澡产生的脑电波密度大。

当然，我的意思并不是说只有依靠洗桑拿、睡觉等强制手段才能进入默认模式网络状态。我想说的是，创造性思维活跃时出现的阿尔法脑电波，也会在放松的状态下出现。

如何在放松的状态下激活默认模式网络呢？我觉得你可以寻找一个你专属的触发开关，例如，你可以试试悠闲地喝喝茶、散散步、眺望一下天空等，看看哪种行为可以把你从日常工作中解放出来，让你的心情得到更好的放松。

当你心情彻底放松之后，你就可以试着练习启动默认模式网络了。了解清楚自己在哪种状态下更容易放空之后，再加上平时的练习，我想你的创造力一定会得到提升。

4 不敢迎接新的挑战

每天的日常生活已经让人筋疲力尽，虽然很多人想要挑战一下自我，尝试一下新事物，但始终也不敢迈出那一步。

挑战新事物的结果，有可能导致惨痛的失败，这是不争的事实。但是，如果不去挑战，就永远不知道那边是否有着别样的风景。那么，这种时候，到底该怎么办才好呢？

观察点 **1** › **将成功和失败可视化**

讨厌失败、害怕失败……当我们无法迈出挑战自我的第一步的时候，总是会找这样的借口。

如果感觉到了危险，人类的意识便会聚焦于这种不安的情绪。而如果失去不安意识，人类就有可能会把手伸向熊熊燃烧的火堆。也就是说，**不安意识是为了让我们安心、安全地生活而存在的，是不可或缺的。**

但是，我们也不能任由不安情绪过度发展，而忽略了问题的本质。

在拓展新业务或跳槽之前，我们最需要考虑的是拓展新业务和跳槽后可能会出现的后果，而不是一味地感到不安。

我们需要预测成功概率，将成功的收获和失败的损失可视化，也需要考虑一些必要的过程。

如果我们要放弃挑战，至少也应该是在对整个挑战过程深思熟虑之后再放弃。如果考虑的结果是"成功概率较高"，而你却依然坚持要放弃，那就太可惜了。相反，如果考虑的结果是"失败概率较高"且失败后的打击也很大，而你却感觉不到其中的危险，那也是个大问题。

因此，直面焦虑固然重要，但更重要的是我们是否对自己感到焦虑的原因进行了可视化分析。

自我调控 方法 1   你要知道，你担心的事情多半不会发生

宾夕法尼亚大学的博尔科贝克（T. D. Borkobec）等人的研究认为，从概率上看，人们所担心的事情中有79%不会发生，有16%可以提前做好准备，只有5%会成为现实，如下图所示。由此可见，我们的大脑是多么焦虑。

关于心事

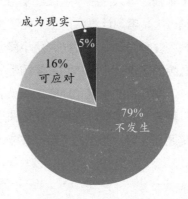

虽然这个研究的重点并不是想要告诉人们担心的事情往往只有5%才会成为现实，但这个调查结果应该会让很多人放松下来，不再焦虑。

这个研究是想告诉人们，人类本来就是容易不安的生物。认识到这一点，应该就有人能够接受新的挑战了吧！

准备一些小奖励

正如观察点1所述，挑战需要花费大量的精力和时间去做计划、学习、计算优缺点等。**我们需要一些持续的动力才能确保挑战成功。**

我们可以参考下面的研究成果。

曾经有很多研究表明，在学习过程中给予奖励会打击人继续学习的积极性。但维也纳经济大学的嘎劳斯（C. Garaus）等人的一项研究，却颠覆了前人的研究成果。

学习动力与奖励的研究

研究结果表明，在学习过程中，对获得的每个小成绩给予一些小奖励，可以提高学生在线学习的自主性。

如果奖励过大，容易让学生产生"为了奖励而去学习"的想法，也就无法提升内在学习动力。但如果是小奖励就不一样了，学生会思考，我为什么会为了这么个小东西去学习呢？

如此一来，学习者的心情和现实之间就会出现差距，也就是出现"认知失调"现象。为了消除这种"认知失调"，学习者会发现，我并不是为了奖励在学习，而是为了自己在学习，于是就激发出其内在的学习动力。

运用认知失调消除原理，可以提高人们应对挑战的主动性，激发其内在动力。

如果想要挑战一项新业务，我们就可以将完成这项业务所要采取的所有行动列成一个清单，每完成一个任务点时，就在清单上给自己打个分。

本来，这些积分是没什么意义的。但此时积分就变为一种指标，利用这种指标，人们可以为自己找到一个合理的行动理由，从而将自己努力奋斗的行为可视化。一旦我们找到了行动的理由，就有了持续下去的动力，且不容易半途而废。

新建商业计划书			
沿着成功之道			
	任务点	是否达成	得分
①	攒钱××元	○	5
②	考取证书	○	5
③	与××见面商量		
·	·		
·	·		

5 即使到了上班时间也一点都提不起劲来

　　早上9点，该开始工作啦！可不知怎么回事，我就是打不起精神来。最近一段时间，好像很多人都遇到了这种困扰。而在居家办公的人群中，这种现象也许更加普遍。即使到了工作时间，很多人却连电脑都还没打开。要想激发"工作动力"，有个要点需要我们加以关注。

观察点 1 > 远程办公最苦恼的就是办公时间不确定

　　日本LASSIC股份有限公司曾经针对远程办公的缺点进行了一项问卷调查，调查选取了1077名年龄在20～65岁且有过远程办公经验的人。结果显示，有45.16%的男性和38.92%的女性认为远程办公期间"分不清工作和生活"，而且，无论是男性还是女性，选择这一选项的都是最多的，如下图所示。

远程办公的缺点（可多选）

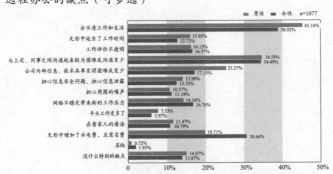

（该图出自日本LASSIC股份有限公司的问卷调查）

很多人都有过这种感觉：如果上班前一直都在看电视或刷手机，那么到了上班时间是很难迅速切换到上班模式的。

观察点 2 > 在相同场所内很难在两种模式间来回切换

居家办公期间，如果家里空间有限，有人会选择在客厅工作。这时，我们就需要在工作模式和生活模式之间来回切换。

为了更有效率地工作，我们的大脑在持续接受到同样的刺激后，会自动将刺激设置为关闭模式，让人不再感觉到刺激。

在家里工作的时候，周围的环境是一样的，所以大脑会持续受到同样的刺激。结果，大脑便会关闭刺激导致刺激功能停止，因此，我们便很难进入常规的工作模式。

自我调控方法 1 > 改变工作场所

按照观察点2阐述的原理，我们要想解决这个问题，最简单的自我调控方法就是换个地方工作。我们来看看迈阿密大学的海勒（A. S. Heller）等人的一项研究。

一项关于环境改变对大脑的影响的研究

研究者们用GPS观察了132名实验参与者在3～4个月时间内的位置移动情况，同时也记录了他们的情绪变化。结果显示，场所变化越多，人们的积极情绪越高。

之后，研究者们又用利用磁共振成像（简称MRI，即Magnetic Resonance Imaging）技术研究了场所的变化与积极情绪之间的关系，发现大脑奖赏系统的活跃度与环境之间有着密不可分的关系，环境越新鲜，大脑奖赏系统越活跃。大脑奖赏系统是人类大脑中的一组神经，当这组神经系统被激活时，人类就会产生干劲和幸福感。

也就是说，只要在新的环境里工作，就会有干劲。

从这个研究结果来看，去咖啡馆等地工作，是一种合乎大脑运转逻辑的自我调控行为。因为在外面工作更容易感受到不一样的刺激。

即使是在自己家里工作，也要准备出一个只用于工作的房间和办公桌，或者将工作地点搬到院子里、屋顶平台或阳台等地，准备出一个让大脑觉得是"新环境"的工作场所。

自我调控
方法 **2**　　　**刺激交感神经**

人在活动的时候，起着加速器作用的交感神经处于主导地位；而在睡觉的时候，则是副交感神经处于主导地位。

据说，睡眠状态下，副交感神经活跃，人们感觉到放松；起床后交感神经开始活跃，从而唤醒大脑。而从放松到唤醒，需要3～4个小时。因此，早上刚上班的时候不能马上进入工作状态也是正常的。但是，在办公室上班的时候，我们会因为在意周围人的看法而强制自己集中精力工作，所以一般还是能够调整情绪进入状态的。

但居家办公的时候，就"无人看管"了。此时若想要振奋精神，可以试试散步或慢跑等运动，持续20分钟左右，刺激我们的交感神经，让身体接近启动状态。

除了运动之外，还有其他刺激交感神经的方法。东京煤气都市生活研究所和千叶大学的李教授（Soomin Lee）等人联合进行了一项研究。

一项使身体切换到开启模式的研究

在淋浴和泡澡的时候，若水温在40℃以下，副交感神经会处于优势，有放松效果；若水温在41℃以上，则会刺激到交感神经，有让人清醒的效果。

如果天气不好无法运动，又或者你是个不擅长运动的人，那就试着洗个41℃以上的热水澡，为开始工作做准备吧！

6 感觉最近的工作 速度变慢了

也不知为什么，近来我在工作上花费的时间比以前多了，是专注力不够吗?我想，有这样烦恼的人不在少数。

远程办公之后，上司和同事看不见我是否在工作，和同事闲聊减少了，也想不出新的创意了。

这一小节，我们准备为那些因工作速度变慢而烦恼的人介绍一些自我调节的方法。

观察点 **1** › **帕金森定律**

首先介绍英国历史学家西里尔·诺斯考特·帕金森（Cyril Northcote Parkinson）基于对英国官僚工作方式的观察而提出的"帕金森定律"。

▼ **帕金森定律**

第一定律:只要还有时间，工作量就会不断增加，直到用完所有的时间。

第二定律:只要还有钱，支出的需求就会不断膨胀，直到用完所有的钱。

例如，在公共事业等项目中，为了用完预算额度而强行增加工作量去进行一些完全没有必要的道路工程，就属于这种现象。在无法增加工作量的情况下，人们也会按照帕金森定律，至少把工作时间都填满。

为了填满所有的时间，人们会本能地调整自己，间歇性地偷偷懒，以便完全按照时间来完成交给他们的工作。正如第二定律所述，人类是最善于按照目标调整自我的一种生物了。

97%的远程办公亲历者的切身感受：很难集中精力工作

正如前面多次提到的那样，远程办公时，很难像在办公室里那样集中精力工作。如右图所示，日本的信息网站"姻缘大学"曾对300人进行了一项问卷调查，其中97.7%的人表示在远程办公时有过"动力不足、注意力不集中"的现象！这说明，几乎所有的远程办公者都至少有过一次这样的经历。

这个调查结果表明，在各方面约束力都较强的办公室工作会加快工作完成进度，但远程办公则会因动力不足、注意力不集中而花费比平时更多的时间。

远程办公时是否有过动力不足、注意力不集中的现象？

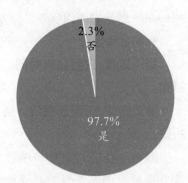

2.3%
否

97.7%
是

（来自"姻缘大学"调查结果）

自己设置截止时间

　　有些人虽然没有偷懒的意思，但感觉工作速度变慢了，这可能符合观察点1中介绍的帕金森定律。

　　这种情况下，我们要做的事情就很简单了。

　　因为下班时间是早就规定好的，我们都要配合这个时间来工作。因此，**我们可以自己规定一个更早的"下班时间"**。如果今天的工作原本就能快速完成，那么帕金森定律就会按照我们自己规定的下班时间启动。关于帕金森定律，美国研究所的布莱恩（J. F. Bryan）和洛克（E. A. Locke）等人进行过一项实证实验。

帕金森定律实证实验

　　　　他们要求实验对象完成同一项工作，但却给予了以下4种不同的时间。

　　①给予完成此项工作2倍的时间。

　　②给予能完成此项工作的最少时间。

　　③要求其按照自己的节奏进行。

　　④要求其尽快完成。

　　实验结果表明，给予的时间越长，工作进度就会越慢。

　　如果你是在对时间要求不太严格的公司工作，那么早一点结束工作，你就能早一点自由活动。即使你的职场对时间要求比较严格，早一点完成工作后，你也可以用空出来的时间去做其他的工作，从而实现成长和升职。

　　我们不妨给自己规定一个下班时间吧，比公司规定的下班时间稍稍提前一些，以此来看看自己真正的工作速度。我们自己预估的下班时间可能不一定准确，也许有些工作无法在自己规定的时间内完成，但这也没关系，我们只要在公司规定的下班时间前完成就可以了。

调快自己的钟表

关于如何自我调控使自己快速结束工作这一问题，本小节将再为您介绍一个东京大学伴祐树等人的一项实验成果。

一项提高工作效率的实验

有研究表明，调快钟表就能提高工作效率和质量。在实验中，研究者要求实验对象输入一篇文章，时间规定为30分钟。实验开始前，研究者们将实验对象分为了三组，分别要求他们按照以下三种模式进行。

①让钟表以2/3 倍速运转。

②让钟表以正常速度运转。

③让钟表以3/2倍速（1.5倍速）运转。

从输入的字符数来看，第③组输入字符数最多，第②组次之，第①组最少，每组之间的工作量差约为8%（约400字符数）。此外，钟表越快的组别错误率越低。

市面上能够改变运转速度的钟表可能并不多，我们可以将自己的手表或手机调快几分钟，同样会觉得时间过得快，也会达到相似的效果。但我要温馨提示一下，与人见面或约会前，要记得把时间调回来，以免误事哦！

7 工作动力难持久

一份工作，无论当初我们有多么地喜欢它，持续多年之后都会进入倦怠期，那时便感觉不到努力工作的意义了。

远程工作也容易让人产生"为什么要工作"的虚无感，但这种虚无感可以通过自我调控来解决，所以遇到这种情况不要放弃，要认真对待。

观察点 **1** 〉 **交流少了，干劲也小了**

人类通过交流促进血清素和脑下垂体后叶荷尔蒙的分泌，而血清素被称为是幸福荷尔蒙，它和脑下垂体后叶荷尔蒙一起保证了我们的身心健康。因此，**无论工作价值大小，只要我们能在工作中和同事保持较为和谐的关系，就不会滋生出太多的不满情绪，也就能保持工作的干劲**。但是，新冠疫情影响下，我们与他人之间的直接交流却呈现出了断崖式下降的趋势。

日本学情股份有限公司针对20～30岁的人群进行了一项调查，其结果显示，约有60%的人认为受新冠疫情影响，自身的工作动力发生了变化。详情如右图所示。

自身的工作动力是否因新冠疫情影响而发生了变化

42.9%
否

57.1%
是

（该图出自日本学情股份有限公司）

如果在精神上有不安情绪和不满情绪，最好能找个人吐吐槽，也许这些情绪就能得到缓解。但是新冠疫情夺走了人们交流的机会。听说有的单位还有这样的现象：其他部门的同事都在远程办公，只有自己一个人在办公室里孤零零地工作……

观察点 2 › 激发干劲需要积累"小成功体验"

有人认为，十足的干劲来自一点一滴的"小成功体验"的积累。从这个观点来看，很多人之所以工作动力不足，也许是因为没有获得过"小成功体验"吧？

当一项较大的工作由多个团队共同完成时，身处其中的人就像是这个项目的一个齿轮一样，很难看到工作的全貌，因此经常会弄不清自己到底在做什么。这种时候，如果得到了上司和同事的反馈，就能更容易地弄清自己所处的位置和所做的事情。

而如果得不到这些指点，你就无法切实体会到每一项小任务完成时所带来的小小成就感，反而让你感觉明明是在一步一步地向着目标前进，却像是独自走在广阔的沙漠里一样孤独。

自我调控方法 1 — 细化目标

面对着看不到整体情况的大型项目，我们需要在自己能掌握的范围内确定属于自己的目标，其中最重要的是目标一定要详细。

在此，请参考美国心理学家斯金纳（Burrhus Frederic Skinner）的"小步子原则"，这是一种能够有力推进学习和工作进程的方法。

一项关于小步子原则的研究

本章第⑤节也提到过，人类的大脑中有一组叫作"奖赏系统"的神经。当我们的欲望得到满足时，奖赏系统就会被激活，激发干劲，产生幸福感。而且，通过测量脑波得知，无论目标难易度如何，只要达成了自己定下的目标，大脑就会受到刺激。

总而言之，只要把目标细化，不断积累小小的成功体验，就会激发持续工作的动力。

比如，**我们可以把"今天一定要完成这份资料"之类的任务作为每天的小目标，如此一来，我们一年就能积累200次以上的成功经验**，大脑的奖赏系统因此也受到200次以上的刺激，相应地也会变得更有干劲。

如果把整个项目的完成作为大目标的话，即使这个目标完成得很好，这种成功体验也只能有一次，这将很难让人保持饱满的干劲。

自我调控方法 2 设置现金奖励

伦敦大学的佩西格里翁（M. Pessiglione）等人进行了一项"激活大脑奖赏系统、激发干劲"的研究。

关于现金奖励和动机的研究

有报告称，当出现现金奖励时，大脑中负责动机的部位有意无意地就会被激活。

这个方法可以和"自我调控方法1"结合起来进行。先设定好一个个小目标，每完成一个小目标后就给自己一个现金奖励，效果应该会很好。

例如，你可以制作一个"自我奖励储蓄罐"，每完成一个小目标，就往里面存一定数量的钱，也可以准备一些奖品，比如一直想要的首饰等。但无论是奖金还是奖品，都请设定为与金钱相关的奖励。

自我调控 方法 **3** 重视过程

本小节建议您多关注那些容易被忽略的工作过程。在此，我们可以参考哥伦比亚大学的穆勒（C. M. Mueller）和德威克（C. S. Dweck）等人做过的一项研究。

一项关于表扬过程效果的研究

表扬过程比表扬结果更能提高孩子的成绩。表扬结果会让孩子觉得只要结果好就行，甚至导致有人通过作弊等不正当手段取得成绩。而表扬过程则会让孩子继续努力下去。

对于已经参加工作的成年人，我们则要夸他很努力，这比夸他干得好更能让他成长。因为"干得好"是在表扬结果，而"很努力"是在表扬过程。

根据研究，我们如果表扬孩子们在听写和计算等学习过程表现得非常努力，孩子们就会更加积极地投入学习，整体成绩也会随之提高。

工作也是一样，即使是很微不足道的工作，也不应该马马虎虎地对待。不管是什么样的工作，都有一定的工作流程。换句话说，**即使这工作让人提不起劲来，但干好了也能积累一定的工作经验，而这经验将来也许就能活用到有意义的工作中去。**

无论什么工作，我们都要积极主动地把它做好，这样将来才有机会参与到更有意义的工作中去。

8

不喜欢网络会议，害怕会议中的沉默带来的无形压力

最近，各大企事业单位都流行利用Zoom等多人云视频软件召开网络会议。尽管人们现在已经慢慢学会这些软件的操作方法了，但仍有相当一部分人无法适应这种开会模式。

有人认为，网络会议不过是一时之风，过段时间就会慢慢消失。但其实网络会议省时又省钱（比如省交通费），优点多多，看来一时之间是不会被淘汰的。因此，不喜欢这种会议模式的人有必要掌握一些应对的办法。

观察点 1 › 很多人都不喜欢网络会议

在新冠疫情发生之前，恐怕没有几个人会用Zoom等会议软件吧！我想，多数人应该都是居家办公的需要、不得已才学会的。

日本Biz Hits公司以527名有过网络会议经验的男女为对象，以"网络会议的烦恼"为主题展开了一项问卷调查，调查结果如下方的饼状图所示。其中有52%的人认为"线下会议比线上会议好"。有人享受着网络会议带来的便利，但也有85%的人曾因线上会议而苦恼。

线上会议和线下会议，哪个更好一些？

线上会议 48%　线下会议 52%

n=527

曾因线上会议而苦恼 85%

n=527

（日本 Biz Hits 公司调查结果）

观察点 **2** › **网络会议中的非语言信息锐减**

在上述调查问卷中，有276人认为线下会议更好，其中有174人认为更好的原因是"便于沟通"。

排序	线下会议的优点	人数
第1位	便于沟通	174人
第2位	网络会议总会发生故障	67人
第3位	便于发言、讨论	47人
第4位	可以共享资料、实物	11人

n=276（可多选）
（日本 Biz Hits 公司）

网络会议沟通困难的原因主要在于非语言信息减少了。**非语言信息是指文字以外的交流要素，包括手势、面部表情、发音、语调，甚至服装等。**

线下会议时，即使会场上每个人都沉默了，我们也很容易就能看出他们是因为担心、恼怒而沉默，还是因为在认真思考而沉默。而网络会议中，我们虽然也能看到与会人员的脸、听到他们的声音，却无法实时地接收到现场的信息，也感受不到现场那种微妙的气氛。一旦没人说话了，很多人便会觉得自己仿佛被无声地批评了，接着便想说点什么来打破这种沉默。

当获取到的信息不全时，人类的大脑便会发挥想象去补足。因此，在网络会议中，我们便会自行脑补出一些不必要的信息。

| 自我调控方法 | 1 | 增加语言信息 |

竹内一郎曾写过一本书，名为《人们9成看外表》。此书名随着这本书的畅销也成为一句名言。无独有偶，美国心理学家梅拉宾（Albert Mehrabian）提出的"梅拉宾法则"，也与这句话有着异曲同工之处。

梅拉宾法则

梅拉宾进行了一系列关于人际关系的实验，结果表明，人们对他人的印象，有7%来自语言信息，有38%来自听觉信息，有55%来自视觉信息。

换句话说，梅拉宾法则认为，在人与人进行沟通时，语言之外的信息占到了90%以上。

例如，比起面无表情地低声说"别开玩笑了"，保持爽朗的笑容、低声说"别开玩笑了"时，人们可能更容易注意到你的笑容，而不是你说的话。

对他人印象的主要决定因素占比
语言信息 7%
听觉信息 38%
视觉信息 55%

毫无疑问，在网络会议中，非语言信息会大幅度锐减。无论电脑显示器的解析度有多高，我们都很难把握画面外的状况和会议现场的气氛。而且，多数情况下，会议的音效肯定也不如现场聆听来得清楚。

那么，我们到底应该怎么做呢？

答案很简单，就是**只增加语言信息**。即使梅拉宾的研究是正确的，即使语言信息只占7%的比重，但在其他交流方式都受到了限制的情况下，我们便只能增加一些语言信息。

因此，我们不妨试着主动抛出一个话题，尽可能地增加信息总量。

很多人不喜欢会场出现沉默，既然如此，我们就应该主动去打破它。天气也好，饮食也好，随便聊点什么都可以。这种方法简单有效，我们不妨试试，一定会有很好的效果。

自我调控方法 **2**

抛砖引玉

要想增加网络会议中的语言信息，最重要的便是"打头阵"。

这么做是有依据的。加利福尼亚大学伯克利分校的安德森（C. Anderson）和基尔达夫（G. J. Kilduff）的一项研究表明，会议中"先发言的往往更有利"。

一项关于发言先后顺序的研究

有研究表明，人们倾向于将会议上最先发言的人看作领导者，而他所提出的想法也更容易被采纳。

会议中不太发言的人，往往是因为过于在意自己的意见能否得到与会人员的认可，因此给自己施加了过多的压力，要求自己想好了之后再发表意见，否则还不如不说。但实验表明，即使发言内容不够精彩，打头阵也会给人留下好印象。

没有人想在会议发言中出丑，因此**第一个勇敢站出来发言的人，就具备了很多人所没有的勇气和积极的态度。**

当然，即使后发言，如果发言内容与语言信息的质量成正比，也能体现一个人的能力和品性。能力和品性是可以靠努力来提升的，而积极性却不能。从这一点来看，我们就不难理解为什么带头发言能获得好印象了。

另外，我们还要注意发言的时机，这同样也很重要。

一般情况下，在碰头会等会议中，刚开始之际便是闲聊的最佳时机。

当你错过了这段最佳时机，话题也许会不知不觉地转到正题上，如果恰好正题内容又比较严肃，这样一来就更不好随意发言了，因为这种情况下保持沉默才是明智的。

而且，如前文所述，有时候发言顺序比发言内容更重要，所以我们还是试着先发言，哪怕是抛砖引玉呢！

在网络会议中，如果从一开始就努力增加语言信息，**本身就能给与会人员留下一个"××想要活跃会议气氛"的积极印象。**

如此一来，就可以增加网络会议的"活力"了，也许还能增加一些"肢体语言"类的信息呢！

9 5分钟的休息变成了 30分钟

　　自从居家办公之后，越来越多的人出现了这种现象：白天没掌握好休息的时间，导致休息时间过长，最后把工作拖到了深夜。

　　居家办公的一大优点就是随意性强，想什么时候休息就什么时候休息，想休息多长时间就休息多长时间，但一旦把握不好度，原本只想休息5分钟的，很容易就会拖到10分钟、20分钟、30分钟……这样的话，对工作和生活都会产生较大的影响。那么，我们怎样才能养成在规定的时间内休息的习惯呢？

观察点 1 > 居家办公的工作效率和工作时间

　　2013年，斯坦福大学的布鲁姆等人以16 000名在旅行社负责接听电话的员工为对象，进行了一项关于工作效率的调查。调查结果显示，居家办公的工作效率比正常办公提高了13%。

　　2021年，芝加哥大学的吉布斯（M. Gibbs）等人也以10 000名IT企业员工为对象进行了一项调查。调查结果显示，工作时间增加18%后，人们的工作效率反而下降了8%～19%。

　　2012年，俄亥俄州立大学的杜彻（E. G. Dutcher）在其发表的一篇论文中指出，如果在居家办公时进行单一的工作，生产率会下降6%～10%；而如果进行创造性的工作，工作效率则会提高11%～20%。

　　也就是说，职业种类和工作内容不同时，居家办公的工作效率也会不同。

大脑如果一直做同样的工作，就无法集中注意力。为了让容易厌倦的大脑恢复精神，我们应该多休息几次。

参加工作之后你就会发现，除了吃饭时有个较长的休息时间之外，我们再也不能像学生时代那样获得规律而短暂的休息时间了。一般8小时工作制的单位，会在3～4小时的工作时间之后设置1小时的休息时间，然后再将剩下的4～5小时全部设为工作时间。

但实际上，这种工作方式并不科学。要想将工作效率提高到最佳水平，最好还是像学生时代那样，在每阶段的工作之间安排一个短暂的休息时间。

自我调控方法 **1** **习惯频繁地休息**

有一项实验结果表明，当我们从事需要学习、需要熟练度的工作时，频繁地休息会更有效果。

休息和熟练度的研究

美国国家神经疾病与脑中风研究所的文斯特普（M. Bönstrup）等人进行了一项研究，他们要求实验对象进行打字作业，并要求每打字10秒后便休息10秒，总共重复35遍。

结果显示，与不休息相比，中途休息一下之后，实验对象的打字熟练度更高了。他们在检查中发现，原来休息时大脑始终都在巩固学到的东西。

一直以来，人们都认为睡眠是巩固记忆的重要因素。但这个实验结果告诉我们，休息时大脑也在积极地巩固记忆。

这个实验告诉我们，越想提高工作效率，我们就越应该频繁地休息。我们可以用计时器掌握时间。如果你觉得计时器麻烦，那你不妨准备一只沙漏，到时间了只要翻转一下就可以。

让头脑得到休息

如果在休息的时候玩游戏或者浏览社交网站，那就无法真正地让大脑得到休息。而大脑如果感受不到真正的休息，就有可能会让我们继续延长休息时间。因此，休息时该做什么，这一点非常重要。这里介绍两项关于有效休息的研究。

一项关于休息方法的研究

伊利诺伊州立大学厄巴纳香槟分校的金（S. Kim）教授等人以80多名韩国人为对象进行了一项调查，他们用10天的时间记录了80多名韩国人在休息时间做的事情对午饭后和下班后的影响。其结果显示：

①发呆、伸展筋骨等"放松型"活动，或与同事聊天等"社交型"休息→有助于减轻工作的辛苦。

②读报、查收邮件等"认知型"活动→容易觉得午饭后的工作很辛苦，下班后的疲劳感会提高。

③吃点心、喝饮料等"点心饮料类"活动→基本无效果。不过，摄取咖啡因有助于减轻工作中的劳累。

另外，亚洲大学的李教授（I. M. Lee）和韩国行为科学研究所的金教授等人以450名韩国劳动者为对象进行了一项研究。其结果表明，与散步或聊天相比，午餐时间看手机、浏览社交网站后，下午工作时会更加疲惫。

休息的时候，我们可以冥想、散步或做做伸展运动，让大脑好好休息一下。如果大脑能得到真正的休息，到了该工作的时间，就能迅速进入状态。

10 不知何时该休息

有的人是休息时拖拖拉拉，而该工作时总也进入不了工作状态；有的人则是能集中精力工作却苦于找不到结束工作的时机。也就是说，他们不知道什么时候该休息。

对于那些因为居家办公而无法全身心投入工作的人来说，能集中精力工作可能是件好事。但是，一直持续工作，一点休息时间也不给自己预留的话，大脑会疲劳，工作效率也会下降。这同样也是不可取的。

观察点 1 › 专注力无法持续太长时间

在居家办公时不浏览社交网站、不刷小视频，而是一直集中精力工作，能做到这一点就已经很自律、很了不起了。但是另一方面，一味地工作，一点休息时间也不给自己，同样也是不可取的。

因为在这种工作强度下，工作效率多半不高。**长时间只坚持做一件事，其专注力肯定会下降。**

也许有人会认为，"不知道什么时间该休息"正是工作十分专注的表现。当然，工作当前，一般我们会集中精力去面对，但即便如此，长期面对同一项工作时，我们的专注力也会随着时间的推移而下降。

专注力下降了，工作效率自然也就降低了。关于专注力的研究很多，各种研究都各执一词，没有一个决定性的说法。本小节给大家介绍的是一项很有名的研究。

一项关于专注力的研究①

麻省理工学院的艾里埃利（D. Ariely）和欧洲工商管理学院的维顿布洛克（K. Wertenbroch）的一项研究表明，成人的专注力一般能持续20分钟左右。但当人们遇上自己喜欢的东西时，专注力便会持续更长时间。此外，专注力能否持续，与听觉、视觉、记忆等也有一定程度的关系。

但可以肯定的是，工作到一定程度就必须休息。

工作时间越长，所消耗的体力便会相应的增加，导致身体状态变差。即使拥有绝对不会疲劳的钢铁般的肉体，恐怕也很难保持专注力。我们再来看另一项关于专注力的研究。

一项关于专注力的研究②

关西大学的吉村和友田等人的研究表明，对着电脑屏幕工作30分钟后，人们的专注力便会开始下降；而60分钟后，疲劳带来的影响便开始显现。

从这两项研究结果来看，工作30分钟左右后休息一小会是最佳选择。

有意识地工作 25 分钟后休息 5 分钟

如果让你在以下两种情况中选择，你会选择什么呢？一种是8小时不停歇地完成100件工作，另一种是8小时的工作中穿插着1小时的休息时间、最终完成120件工作。我想，我们肯定都会选择后者吧！

居家办公时，我们可以自由安排午休时间。但很多时候即使到了中午12点，由于手头工作还没有告一段落，很多人也会选择继续工作，从而推迟午饭和午休时间。当然，这种灵活的工作方式并非坏事，但工作告一段落后，即使肚子不饿，也应该休息一下。

在观察点1中，我们阐述过工作30分钟左右就应该休息的道理。本小节为您介绍一个有效的方法，帮助我们把这个理论有规律地执行下去。这个方法就是"番茄工作法"，**具体方法是采用计时器计时的方法，让我们养成工作25分钟休息5分钟的习惯。**

什么是番茄工作法？

番茄工作法是意大利企业家兼作家弗朗西斯科·西里洛（Francesco Cirillo）于20世纪90年代初提出来的一个著名的时间管理方法，目的是提高工作效率。

一个番茄时间共30分钟，25分钟工作，5分钟休息。连续做4个番茄时间后休息30分钟，如此反复。同时，番茄工作法还要求人们在一个番茄时间内只完成一项任务。

这样就能让注意力保持高度集中的状态，从而高效率地工作。

插入别的工作

我们一定不能让大脑和身体感觉到疲劳。在本章第②节"边工作边上网冲浪"（第6页）中曾介绍过赫尔顿和罗素的一项关于专注力的研究。从研究结果（第7页）来看，在一项工作中插入别的工作或直接休息，要比一直做同样工作时效率更高。由此可见，同一项工作不要一直做，要适当地转换一下大脑。

在赫尔顿等人的实验中，同样都是识别作业，一直盯着椭圆看的组别，就不如偶尔出现数字和文字的组别正确率高。因为偶尔出现的其他元素既能改变心情，又能让大脑恢复活力。

关于记忆力，还有其他一些比较有趣的实验。

一项有关记忆力的研究

加利福尼亚大学洛杉矶分校的康奈尔（N. Kornell）和比约克（R. A. Bjork）进行了一项实验，他们先向实验对象讲解了一些画家的绘画特征，然后对实验对象掌握到的内容进行了测试。

实验分为两组进行，一组是针对每个画家的绘画特征逐个进行详细讲解，另一组是打乱多个画家的作品进行随机教学。结果显示，前者的正确率为30%，后者的正确率为60%，成绩相差近一倍。

由此可以得知，在记忆力方面，随机教学也能起到让大脑恢复活力，提高效率的作用。

因此，当我们忙得连休息时间都没有的时候，我们至少也应该在工作方法上讲究一些策略。

如果我们有A、B、C三个任务需要完成，与其先做完A再做B、做完B再做C，还不如先做A一个小时，转换心情再做B，做B一个小时后再做C，像这样一边轮换一边工作，效率会更高。

有些人在工作的时候会觉得："这一天怎么这么快！一转眼都要下班

了！"虽然这样的人注意力确实很集中，但不能否认他们确实不善于转换工作方式，也不善于休息。

定期调整工作内容，让身心得到放松，让大脑受到不同的刺激，就能提高专注力，减轻大脑和身心的疲劳，从而提高工作效率。

每项工作都做 1 小时，每 3 小时一循环

11 不擅长切换工作状态

你是否有过这样的经历：一天的工作终于结束啦！没想到下班后又收到一封工作邮件，虽然你满腹怨言，但还是出于责任心对邮件进行了回复。其实，很多人都有这种烦恼。他们不知道工作和私人空间的转换开关在哪里，从而导致工作和生活之间的关系失去了平衡。

观察点 1 > 居家办公消除了我们工作和生活的界限

一项名为《关于居家办公的调查2020》针对"有没有发生过很难区分工作时间和私人时间的现象"这一问题的调查，其结果显示1000名居家办公者中，选择"很难区分"的人竟然占到了71.2%（统计方法为"经常有""偶尔有""极少有"三个选项的总和），具体情况如下图所示。

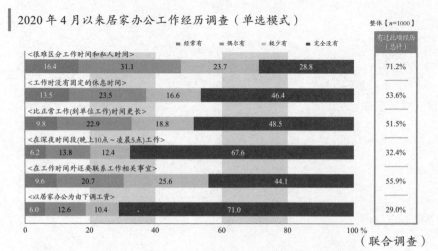

2020 年 4 月以来居家办公工作经历调查（单选模式）　　整体【n=1000】

项目	经常有	偶尔有	极少有	完全没有	有过此项经历（总计）
<很难区分工作时间和私人时间>	16.4	31.1	23.7	28.8	71.2%
<工作时没有固定的休息时间>	13.5	23.5	16.6	46.4	53.6%
<比正常工作(到单位工作)时间更长>	9.8	22.9	18.8	48.5	51.5%
<在深夜时间段(晚上10点~凌晨5点)工作>	6.2	13.8	12.4	67.6	32.4%
<在工作时间外还要联系工作相关事宜>	9.6	20.7	25.6	44.1	55.9%
<以居家办公为由下调工资>	6.0	12.6	10.4	71.0	29.0%

（联合调查）

此项调查开展的时间是2020年6月，属于新冠疫情发生后不久的混乱期。也许之后一段时间，有人摸索出了经验，可以在居家办公中很好地处理工作和生活的关系了。但调查时发现，还是有相当比例的居家办公者在烦恼这个问题。

观察点 **2** > **居家办公可能会延长工作时间**

在刚才的问卷调查中，有51.5%的人认为居家办公"比正常工作（到单位工作）时间更长"，其中选择"经常有"的占9.8%，选择"偶尔有"的占22.9%，选择"极少有"的占18.8%。这说明，有超过半数的人认为居家办公的时间比正常在单位工作的时间长。

前几节本书已经讨论过，居家办公时有许多干扰项，让人难以集中精力投入工作。此外，居家办公时也经常出现一些帕金森定律（第23页）中提到的现象，让工作无法顺利地开展。

自我调控方法 **1** **在下班前 1 小时结束工作**

这种方法简单有效，能帮助我们提前完成工作。

工作单位的下班时间是不能随意更改的，因此，就像飞机平稳着陆前需要预先进行各种操作一样，为了准时准点下班，我们也需要提前做一些准备。

我们可以充分利用帕金森定律（第23页），**将"截止时间"设定在下班时间的30分钟～1小时前**，这样就可以顺利地完成工作。

例如，本小节一开头就提到过，很多人总是在下班后才收到客户的反馈邮件，因此很是烦恼。本书认为，这个问题不能单纯地去看待。因为如果你在临近下班时才完成相关工作并发给客户的话，对方在你下班后对你发的邮件进行反馈也是理所当然的。

所以，我们本就应该预留出"等待反馈"的时间。收到回复后，如果是下班前可以完成的内容，还有时间进行处理。如果做不到，最好是给对方回复一声，告知对方明天再反馈。

而且，从脑科学的角度来看，人们之所以无法在工作和生活之间自由切换，仅仅是因为你并没有进行其他行为，让大脑意识到已经脱离了工作状态。

人类的大脑中并没有"开启"和"关闭"的切换概念，它只会从一种模式切换到另一种模式。因此，我们只要寻个由头，做点别的事情，就可以切换到生活模式。例如，工作结束后立即关掉电脑电源，用手机浏览一下社交网站等。

变换环境也是一种必要的手段。如果你家里的书房和客厅是两个分开的区域，那么工作完就赶紧去客厅吧！

另外，换衣服和脱衣服也有强制重置的效果，**所以我们建议工作结束后马上就去泡个澡**。平时泡澡时间较晚的人，请一定要试试这个方法。

自我调控方法 2　聆听维瓦尔第的《四季·春》

在"自我调控方法1"中，我们介绍了如何从工作模式切换到生活模式。这一小节，我们介绍一种可以提高注意力、专注力、记忆力的方法，帮助我们从生活模式的散漫状态顺利过渡到工作模式的积极状态。

一项关于提高专注力的研究

诺森比亚大学的利比（L. M. Riby）通过研究发现，聆听维瓦尔第古典名曲《四季·春》时，人们会产生积极的情绪，注意力和专注力也会提高，甚至记忆力也会有所提升。

> 为什么《四季·春》会有这样的效果呢？有人分析说，这首名曲曲调高昂，情绪饱满，因此听歌的人也会受到感染。

不仅仅是《四季·春》，可能有名的、情绪高昂的曲子都会有同样的效果吧！虽然这种可能确实存在，但当我们想从生活模式切换工作模式的时候，不妨还是先从聆听这首《四季·春》开始吧，毕竟它已经被科学证实过，在感染情绪方面确实有一定的效果。

12 失误多到自我嫌弃

很多人有这样的烦恼：虽然自己总在反省，但还是多次犯同样的错误。

既然叫失误，就说明这样的错误并非出自我们本意。不同的失误背后有着不同的原因，因此也就有不同的应对办法。我们要尽量通过自我调控来减少其发生的次数。

观察点 1 > 大脑真的很马虎

本书曾多次提到，虽然人类的大脑具有各种各样的功能，但偶尔也会开个小差。

几十年来，随着科学的进步，关于大脑认知的研究也在飞速发展，但多年来的研究结果表明：人类其实很难看清事物的全貌。

这句话并不复杂，字如其意。面对同一种现象，人们可能会产生截然不同的想法，而这并不是判断和思考方式的问题。**简单地说，那是因为人们很容易"看不见眼前发生的事情"**。本小节为大家介绍一项研究，以此说明我们的大脑是如何"犯迷糊"的。

一项关于大脑认知的研究

哈佛大学的查布里斯（C. Chabris）和西蒙斯（D. Simons）曾做过一项著名的实验，人称"看不见的大猩猩"。

他们先是让实验对象观看了一段视频，视频内容是一些穿着白色T恤和黑色T恤的男女在互相传球。同时，他们在视频的开头设计了一行提示文字："请数一数白色T恤的人总共传了多少次球。"

但实际上，他们想要考察的其实并不是传球次数。他们在视频中安排了一个人装扮成大猩猩出场，这就是他们的真实目的：想要验证人们能否注意到大猩猩的存在。

视频中，大猩猩并没有躲在某个角落，而是堂堂正正地出现在画面中，但不可思议的是，当人们都在专注地数穿白T恤的人传了几次球的时候，就看不见大猩猩的存在了。从实验结果来看，没看见大猩猩的人约占实验人数的一半。

看到这里有人可能很难理解，但如果你在国外视频网站YouTube上搜索"Invisible Gorilla（隐形的大猩猩）"，你就会看到很多"selective attention test（选择性注意测试，也称变化盲视测试）"的视频。你不妨请几个朋友或者陌生人测试一下，看看是不是会产生同样的效果。

那些没有注意到视频中的大猩猩的人，应该能深切感受到我们的大脑是多么地马虎。大脑处在这种状态时，我们工作中出现失误也就不可避免啦！

观察点 2 › 动机过强容易出错

北海道大学村田明日香的一项研究表明，工作动机过强时，人们便容易心浮气躁，因此也容易出错。

一项关于犯错的研究

该实验分为以下三组。

①无报酬回答问题。

②给报酬，但回答速度慢会减少报酬。

③给报酬，且回答速度快会增加报酬。

结果发现，第③组回答问题的积极性最高，速度最快。同时，当他们发生错误时，脑电波出现的反应也是最大的。那是因为，动机越强，心情越急躁，失误也会随之增加。

欲速则不达。所以，我们不能一味地追求速度，而是应该保持冷静的工作态度，时不时地检查工作过程中是否出现了错误。这才是最好的工作方式。

自我调控方法 1 把需要注意的地方写下来

正如观察点1中所述，大脑有时也会开个小差，我们可以把粗心出错的原因大致分为两种。

一种是单纯性失误，即脑袋确实没转过弯来。另一种则是**人们关注点不对，导致我们没有看到本该关注的地方**。

也就是说，当我们注意力涣散或将精力放在错误的地方时，就很容易造成失误。

因此，我们把注意点写在纸上，也许就能显著地减少失误了。同时，我们把写有注意点的纸贴在墙上，也能有效地提醒自己少犯错。

如果不知道该注意些什么，可以请教一下同事或前辈，并把它写在纸上，贴在你能看到的地方。

自我调控方法 2　固化工作流程

还有一种方法可以帮助我们少犯错，那就是固化工作流程。例如，医生在手术前后都必须对手术刀等医疗器械进行两遍乃至三遍的检查，这是一个绝对的工作准则，任何人都必须遵守。因为这其中任何一个小疏忽都可能事关人命。只要定下标准的工作流程，按照流程逐步推进，就不至于反复失误了。

在这一小节，本书向大家推荐哥伦比亚大学的海蒂·格兰特·霍尔沃（Heidi Grant Halvorson）提出的"if-then planning（情景规划）"方法。所谓"if-then planning"，是指事先做好规划，"如果发生了○○（if），就执行××（then）"。

if-then planning（情景规划）

做○○的时候发生了某事 ➡ 就执行 ××

if（如果）　　then（然后）

纽约大学的高尔维泽（P. M. Gollwitzer）通过各种实验证明，"if-then planning（情景规划）"具有显著的效果。

我们在日常生活中也可以试着制定这样的规则：做某事之前，提醒自己在某一处容易犯错的地方要多加小心，工作做完了之后也要着重检查这一处。

在决定"then（然后）"这一环节的内容时，我们可以参考以往犯错时从同事或前辈处得到的指点，还可以把这些指导意见写在纸上，或者把它置顶在电脑桌面，以便随时提醒自己。

13 偶尔会忘记自己要做的事

不知你是否有过这样的经历：随心所欲地聊了会儿天或随便做了点其他事情之后，你突然忘记了你本来要去做的事情；又或者休息了一会儿之后再工作的时候，你发现自己怎么也想不起休息之前的工作进展到哪一步了。

有这种经历的，也许不限于老年人吧！可能很多年轻人也有这样的烦恼。那么，问题到底出在哪里？我们又该如何自我调控呢？

观察点 1 〉 血液不流动，海马体就不工作

大脑的记忆分为"短时记忆"和"长时记忆"，而海马体的主要功能就是处理短时记忆。如果在整理短时记忆的过程中某一记忆片段被判断为重要信息，就会被转移到"大脑皮层"形成长时记忆。

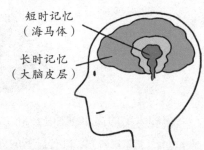

短时记忆
（海马体）

长时记忆
（大脑皮层）

因此，不管是一件小事，还是一件想要长期记住的重要事情，这些记忆信息都会先传入海马体。

而且，**要想让大脑高速运转，最重要的就是促进大脑血液循环。**因为血液循环得越快，就会带给大脑越多的氧气，而氧气就相当于大脑的燃料。

一时之间想不起刚才要做的事，就是短时记忆出现了问题。但不管是短时记忆还是长时记忆，都要靠海马体来起作用。因此，要想记性好，就必须向大脑输送充足的氧气。

睡眠不足会导致记忆力减退。简单来说，没睡够一定的时间或者睡眠质量不高，会导致大脑无法正常活动，记忆功能下降。很多人上了年纪之后睡眠时间越来越短，进入深度睡眠的时间也越来越少，**但大脑在深度睡眠时会巩固记忆，所以睡眠时间短、深度睡眠时间少的话，巩固记忆的时间也会随之缩短，最终导致记忆力下降。**

根据东北大学的泷（Taki, Y.）等人的调查，睡眠不足也会引发长时记忆方面的问题。

一项关于睡眠时间与海马体大小的研究

研究者们对290名5~18岁的健康青少年儿童（男女比例各占一半）进行了脑部核磁共振检查，用以调查大脑的形态。同时，还通过问卷的形式对受访者的生活习惯进行了采访。

调查结果显示，每天睡9～10小时的孩子，其海马体要比每天睡眠5～6小时的孩子大10%左右。也就是说，睡眠时间长的人，其海马体更大。

有很多研究表明，海马体越大记忆力越好，所以从根本上来说，睡眠不足可能是导致记忆力下降的主要原因之一。

另外，目前大多数研究者认为，β淀粉样蛋白是导致阿尔茨海默病的主要因素。而β淀粉样蛋白是在睡眠中从脑血管排出脑外的。因此，如果睡眠时间不足，β淀粉样蛋白就会沉积在大脑中，增加罹患阿尔茨海默症的风险。

自我调控方法 **1** 喝水

多喝水，有着提升大脑活力的意外功效。

一项关于记忆和喝水的研究

东伦敦大学和威斯敏斯特大学的研究人员进行了一项实验。在集中精力做某项脑力工作之前，让一组实验对象喝500毫升左右的水，另一组不喝水。实验结果表明，喝了水的一组大脑更加活跃。

养成喝水的习惯，对维持健康有很多好处，希望大家一定要去试试。

自我调控方法 2

通过运动向大脑输送血液

有些人虽然睡眠充足，睡眠质量也很高，但也很健忘。这又是为什么呢？本书认为，这可能是因为脑部血流不充足而导致海马体没能发挥出应有的功能。在这种情况下，我们可以试着做一些中等强度的运动，程度以达到心跳微微加速、心率超过120/分钟为宜，让全身的血液循环起来。大家不妨试试10～20分钟的慢跑、跳绳和爬楼梯等运动。

一项关于运动和记忆力的研究

密西西比大学的克劳福德（未在参考文献中找到相应人名——译者注）等人做了一项关于运动与记忆力的实验。他们让实验对象分别进行了以下两种运动后，对其进行了单词测试。

①能让心跳加快50%的轻松运动。

②能让心跳加快80%的剧烈运动。

实验结果都表明，与不运动的情况相比，无论第一种运动方式还是第二种运动方式，都能使实验对象的记忆力得到不同程度的提高。

运动对任何事都很重要。为了我们的人生能有更多可自由支配的时间，本书建议大家先从走路开始，逐渐增加运动量。

14 午饭后总是无精打采

你是否为午饭后无法全身心地投入工作而苦恼过呢？

都说"吃完饭就犯困"，但对于那些需要站着工作的人来说，即使是困了也不能躺下睡一觉啊！而那些伏案工作的人，困了之后也会觉得大脑迷迷糊糊的，什么也做不下去，只会让时间偷偷溜走……

本小节为大家介绍一些午休后提高工作效率的小方法。

观察点 1 > 日本人整体睡眠不足

经济合作与发展组织（OECD）公布的2019年各国平均睡眠时间的数据显示，日本人的平均睡眠时间为7小时22分钟，如下图所示。

| 各国的平均睡眠时间（从右到左的顺序）

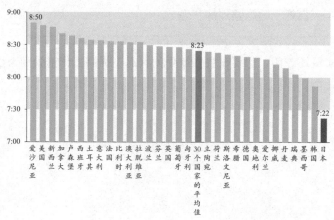

这睡眠时间不仅在7个发达国家中是最少的，在该组织的全部成员国中也是较少的。

本来日本人就容易睡眠不足，所以必须努力保证充足的睡眠时间。

观察点 **2** > 午后工作无精打采

午饭后提不起劲，是有一定的科学道理的。产业医学综合研究所（现为劳动安全卫生综合研究所）的高桥（M. Takahashi）等人发表了一项关于午后犯困的研究结果。

一项关于午后睡意的研究

高桥等人将实验对象分为以下三组，分别测量他们在午睡前、午睡30分钟后和午睡3小时后的脑电波。

①第一组午饭后睡15分钟。

②第二组午饭后睡45分钟。

③第三组午饭后不睡午觉。

实验结果发现，第①组和第②组在醒来30分钟后和3小时后，其睡意都有不同程度的降低，副交感神经开始处于主导地位，整个人也变得更为放松。此外，他们还发现第①组的执行力也有所提升。而第③组则一直处于睡意强烈的状态。

该实验还表明，想要在昏昏欲睡的状态下提高工作干劲和工作效率是非常困难的。

用冷毛巾擦脸

财团法人电力中央研究所人类因素研究中心的广濑文子和长坂彰彦等人发表了一项关于用冷毛巾擦脸的研究结果。我们知道，冷毛巾不仅能给人带来清爽的感觉，还能带来一些即时效果，让人们短时间内提升工作效率。

一项通过休息来提高工作效率的研究

在实验中，广濑和长坂让实验对象进行了一些计算和搜索等简单的任务，时长为50分钟。一个任务完成后，广濑和长坂将实验对象分为两组，要求每组都用以下两种方式休息15分钟。

①仅闭上眼睛。

②闭上眼睛听音乐。

休息结束时，他们又将每组分成了两小组，一小组需要用冷毛巾擦脸，另一小组则不需要。

之后，他们又要求实验对象继续进行上述任务，他们则负责对比休息前后的任务完成度、睡意、专注度及脑电波等信息。实验结果显示，"仅闭上眼睛+用毛巾擦脸"的放松方法效果最好，休息后的工作效率也会提高。

这种方法非常简单，无论是在办公室工作还是居家办公都能轻松做到，值得一试。

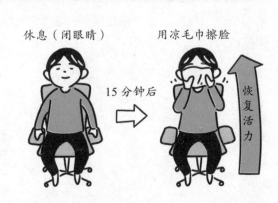

休息（闭眼睛）　　用凉毛巾擦脸

15分钟后

恢复活力

爬楼梯

乔治亚大学的兰道夫（D. D. Randolph）和奥康纳（P. J. O'Connor）的一项研究表明："爬10分钟楼梯有提神醒脑的效果，能让人瞬间恢复活力。"

一项关于提神醒脑和维持干劲的研究

兰道夫和奥康纳让实验对象坐在电脑前，安排他们进行了一些时间较长的、需要用到语言能力和认知能力的工作。之后，又分别安排他们做了以下的事情：

①喝咖啡、摄取咖啡因。

②喝安慰剂（无咖啡因，主要成分为面粉）。

③爬楼梯（上下30层，10分钟一来回）。

结果，第③组实验对象在记忆力、干劲和专注力等方面都有所提高，而第①组和第②组则未发现较大变化。

这次实验的意外之处在于，即使摄入了咖啡因和安慰剂，人们的干劲也没有发生太大变化。**如果你想在午饭后重新找回活力，可以试着去爬10分钟的楼梯。尽管有些辛苦，但效果一定不错。**

在办公室工作的人，就去爬公司的楼梯；居家办公的人，就去爬家里的楼梯；在外出勤的人，就去爬车站的楼梯。总之，不管在哪里，我们都要动起来。同时，这么做还能解决我们平时运动不足的问题，可谓一举两得！

2 章

生活中的倦怠

15 休息日里玩了一整天的社交软件

大家平时都是如何使用Facebook（脸书）、Twitter（推特）、Instagram（照片墙，简称ins）、TikTok（抖音短视频国际版）等社交软件的呢？这些软件能方便、快捷地帮助我们建立起工作或私人关系网络，有助于拓宽我们的工作范围，因此，近年来几乎所有的商务人士都在使用。但同时，人们也变得越来越离不开这些软件，就跟"中了毒"一样。在本小节中，我们就来探讨如何合理利用这些社交软件。

观察点 1 > 过度使用社交软件会导致抑郁

如今，社交软件已经完全渗透到现代人的社会生活中，因为其用户群实在过于庞大，所以与其相关的研究也越来越多。

那么，科学家们都研究出了一些什么结果呢？很遗憾，**许多研究指向了一个结论："最好不要过度使用社交软件。"** 例如，伦敦大学学院的凯利（Y. Kelly）等人，就曾对10 000余名年轻人（平均年龄为14.3岁）进行过一项调查研究。

一项与社交软件使用时间有关的研究

该研究显示，使用社交软件时间越长，人就越容易抑郁。同时，使用时间越长，攻击性也会越强，据说还会对自身体型越来越感到自卑。

社会上，因不堪网络暴力而自杀的新闻时不时见诸报端。各类社交媒体上充斥着各种欲望、各种思想，很多人在网络上的表现比现实生活中更加具有攻击性。经常上网浏览这些信息，很难保证自己不会在潜移默化中受到影响。

有研究显示，长时间刷手机、浏览社交网站，还会让人们对自己的体型越来越感到自卑。倒不是说社交软件会让人变胖，而是社交软件浪费了我们过多的时间，导致我们越来越不愿意外出散步、运动。而运动量越少，体型就越不容易保持，自然就会越来越感到自卑。

观察点 2 › 社交软件能提升积极情绪

当然，社交软件也有很多优点。正因为如此，它才成为人们生活中不可或缺的工具。

北京航空航天大学的范教授等人针对推特（Twitter）用户进行了一项调查。

一项针对推特用户的研究

范教授与中国、美国、荷兰等国的研究人员一起，共同对74 487名推特用户进行了调查。结果表明，推特能提升人们的积极情绪，缓解消极情绪。

如果在高兴的时候发推特动态表达情绪，这种积极情绪会持续1.25小时左右，之后再慢慢恢复到正常情绪。而在消极的时候发推特，10分钟之后心情就会恢复正常，而正常情绪能持续1.5小时左右。

另外，该研究还表明，长时间使用社交软件容易导致抑郁，其中女性尤其明显。

此外，还有一些研究显示，即使发表推特动态的初衷是想要从消极情绪中解脱出来，人们也不喜欢在推特中说别人的坏话或发表批评的言论。

东芬兰大学的涅乌沃宁（E. Neuvonen）等人对622位患有认知障碍的病患进行了分析，并对1 146人的寿命长短进行了调查，结果发现，对他人信任度较低的人患认知障碍的风险较高，几乎达到其他人的三倍。

据说，大脑是不会区分主语的。

例如，如果你在社交平台发表言论说："你真是个无聊的人！"在大脑中，这句话的意思其实就等同于"我是个无聊的人"。不管主语是别人还是自己，辱骂和批评最终损害的其实都是自己的心灵和大脑。

从这个结果可以看出，**与其找别人的碴，不如为自己寻找更多的小喜悦和小幸福。**

我们只要合理利用社交软件，就可以让我们的心情向好的方向发展。但过度沉迷在这些软件上以致消耗掉过多的时间，就会出现很多弊端。

观察点 **3** ＞ **社交软件可以把自己和他人做简单比较**

心理学家利昂·费斯汀格（Leon Festinger）曾提出过一个"社会比较理论"，认为人类是一种喜欢与他人进行比较的生物。这一点在社交网络世界也同样成立。

社会比较理论

费斯汀格将与他人的比较分为"向上比较"和"向下比较"两种。"向上比较"是指与幸福、优秀的人相比较，而"向下比较"则是指与不幸、不优秀的人相比较。

乍一看，"向下比较"这种方式似乎有些不妥，但其实它具有让人安心的效果。即便如此，我们也不能一味地"向下比较"，因为这不仅不利于我们进行自我提升，还容易滋生瞧不起比较对象的扭曲心理。

总而言之，浏览社交网络，很容易让我们产生将自己和他人进行比较的心理，比较之后，又很容易滋生嫉妒、自卑的情绪，或采取傲慢或蛮横的态度与人发生争执，这在互联网世界可谓是屡见不鲜。

但别人是别人，自己是自己。每个人都有自己的价值观和生活方式，不要把自己的价值观强加给别人，也无须把别人的价值观拿来和自己比较。**如果给自己、给他人都限定出一个框架，那么我们就会被束缚在这个框架内，给自己的心灵带来负担。**

自我调控方法 1　删除手机中的社交软件

那么，为了规避上述社交软件带来的负面影响，我们应该怎么办呢？其实，最简单的方法就是删掉它。

一项关于限制使用社交软件的调查

哥本哈根大学的特罗姆霍尔特（M. Tromholt）以1095名（平均年龄为34岁）丹麦人为对象进行了一项调查，其调查结果显示，只要一周不使用"脸书（即Facebook，一个社交网站）"，人们的生活满意度就会提高，情绪也会变得积极。

也许，很多人心里也想戒掉这些社交软件，但就是摆脱不了"心魔"。这时，我们就需要调整一下周边环境，让自己用不了这些软件。

试想一下，餐厅如果摆放的是一种让人坐着不太舒适的椅子，那么久坐的客人就会减少许多。这个道理用在戒掉社交软件的心瘾上也是一样的。人是受环境控制的，如果强制性地创造出一个分离的环境，人们就会慢慢脱离心理依赖。

而对于社交软件，我们并不需要特意去没有信号覆盖的深山老林里生活，只需卸载软件就能达到同样的效果。

当然，能卸载就能重装，但至少在重装之前是没法用的。而且，重装本身就比较麻烦，很多人往往卸载了就不会再安装了。

顺便一提，有些应用软件只要卸载了，其账号也就注销了。所以在删除前要仔细确认，确保不会造成不良影响。

自我调控方法 2　预想消极后果

希腊神话中有一个经典小故事。全能之神宙斯给了潘多拉一个宝盒，告诫她绝对不能打开。但潘多拉没能控制住自己的好奇心，最终还是打开了。心理学上将这种越是不能看便越是想看的心理称为"潘多拉效应"。

如果我们打开那些社交软件，是因为对他人的生活、行为、思考、爱好感到好奇，想与他人进行社会比较，那么我们可以试试下面这种专门针对潘多拉效应的方法。

一项抑制好奇心的研究

芝加哥大学的希和威斯康辛大学麦迪逊分校的卢安曾做过一项实验。他们在一台电脑上显示出如下三种按钮：

① "水"按钮→点击后可播放水声。

② "指甲"按钮→点击后可发出用指甲抓黑板等令人不快的声音。

③ "?"的按钮→点击后不知道会出现什么声音。

实验结果表明，点击第③种按钮的人数，是点击①和②的人数总和的1.4倍。也就是说，当人们不知道会出现什么声音时，就会产生强烈的好奇心，不断去点击鼠标，因此点击第③种按钮的人数才会最多。

还有一个类似的实验。该实验的研究人员准备了一些让人观感不佳的昆虫图片，并将这些图片分成两组，一组放置在已知区，另一组放置在未知区。研究人员试图通过对比来观察人们点击两种图片的情况。

实验结果和上一个实验的一样，未知区的点击量更高。但是，如果在点击之前让实验对象预想一下看到图片后的心情，他们的点击次数就会减少。

从这个实验可以看出，在做下一步动作之前预想一下消极后果，人们的好奇心就会减弱，下一步的动作也会相应减少。

这个实验告诉我们，实在控制不住自己的时候，不妨想想长时间看手机的后果，比如浪费时间的罪恶感、与他人比较后自我嫌弃的不良情绪等，如此一来，看手机的次数就会越来越少了。

自我调控方法 3 不带数码设备去旅行

格林尼治大学的凯伊（W. Cai）等人进行了一项研究，发现戒掉社交网络其实很容易。

一项关于断网的研究

凯伊等人让来自7个国家的24名实验对象在不带电脑和手机的情况下去旅行，之后对他们进行采访，同时也对他们的日记进行了整理。实验结果发现，很多人都很享受这次旅行，旅行回来后，日常生活中使用电脑和手机的频率也少了。

这是一种认知行为疗法，让那些人在旅行期间不接触电子产品，是为了让他们意识到，原来离开这些社交软件，并没有对工作和生活造成什么困扰。所以当他们经历了一次强制分离之后，才会意外地发现，原来自己是很享受这种分离状态的。

日常生活中，人们确实会一有空闲就拿出手机来消磨时间。强制分离后，**人们没有了能使用社交软件的环境，便会转而去思考如何"享受"这些空闲时间。**

据说，实验结束后，实验对象都弄明白了一些事情，比如手机中什么功能是必需的、什么功能是可有可无的，以及应该怎样对待这些电子产品。本书极力建议各位也来一场说走就走的旅行，远离那些电子产品，看看是否能让自己摆脱掉心瘾。

自我调控方法 4

浏览社交软件一天最多 30 分钟

如果断网不会对你的生活造成什么困扰，本书建议你可以卸载这些软件。但是，有一点需要注意。

人类必须与他人交流，否则便会对健康不利。关于这一点，后面的《出门约会嫌麻烦，人际交流减少又嫌寂寞》（第76页）中会进行详细解释。

如果没有社交网络，看不到世间百态，就容易让人产生与社会脱节的不安心理。

事实上，自从新冠疫情暴发以来，通过各种社交媒体进行交流并获取信息的人似乎更多了。日本Glossom株式会社对1442名10~70岁的男女进行了一项定点调查，调查的主题为2021年度人们利用智能手机获取信息的情况。调查结果显示，2021年度，人们平均每天使用手机的时间为136.3分钟，比2020年的126.6分钟增加了7.6%；平均每天浏览社交软件为77.8分钟，比2020年的67.1分钟增加了15.9%，如下图所示。

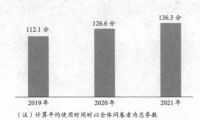

智能手机日平均使用时间变化

112.1 分　126.6 分　136.3 分

2019 年　2020 年　2021 年

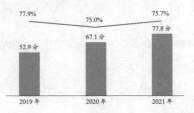

社交软件使用时间与使用率变化

77.9%　75.0%　75.7%

52.9 分　67.1 分　77.8 分

2019 年　2020 年　2021 年

（注）计算平均使用时间时以全体问卷者为总参数

（此图来源于日本 Glossom 株式会社《2021 年度智能手机信息收集定点调查》）

宾夕法尼亚大学的亨特（M. G. Hunt）等人也进行了一项调查。

一项关于社交软件使用时间的研究

亨特等人将143名学生随机分为以下两组，观察他们对Facebook（脸书）、Instagram（照片墙）、Snapchat（色拉布，一款照片分享应用软件）等社交软件的使用情况。

①每天可用30分钟。

②不受限制，随意使用。

经过为期3周的观察与对比，结果表明，小组①在孤独感、抑郁和焦虑等方面的情绪更少。因此，亨特等人认为，一天使用30分钟左右的社交软件，人们会更容易获得幸福感和安心感。

从这个结果来看，与其完全戒掉社交网络，还不如将时间控制在30分钟左右。现在的智能手机大多有上网时间控制的功能，我们不妨利用这个功能，给自己创设一个每天只能上网30分钟的环境。

16 看不完的电视，刷不完的短视频

有些人社交软件用得倒是不多，但是会在闲下来的时候刷刷短视频。目前，在小学生最想从事的职业排行榜上，YouTuber（在视频网站YouTube上发表、出演视频的人）名列前茅，YouTube对人们生活的影响可见一斑。

闲下来的时候刷一刷视频倒是无妨，但明明有事却不赶紧去做，反而一直在YouTube上浪费时间，这说明我们在时间管理上出现了问题。本小节将介绍有关时间管理的自我调控方法。

观察点 1 > 新冠疫情影响下，人们的上网时间增加了

本书在《休息日里玩了一整天的手机》（第60页）一节中曾提过，在新冠疫情影响下，人们使用社交软件的时间大幅度增加了，而其中刷短视频的时间可能会更多。

盟博（Mediabrands，IPG埃培智集团旗下的媒介和营销解决方案品牌群）以2400位年龄在15~74岁的人为对象进行了一项名为"心目中的媒体——2020数字媒体"的调查。结果发现，在人们打发空闲时间的方式中，被选择得最多的是"看电视"，其次是"刷短视频"。

细心的读者们或许也发现了，近年来，人们看电视和刷短视频的时间确实较前几年有所增长。

从年龄来看，30岁以下的人喜欢"刷短视频"，40岁以上的人喜欢"看电视"。无论是电视还是短视频，它们都有一个共同特点，那就是可以一直播放下去，除非切断电源或退出应用。

如果是在电影院的话，电影放映结束后我们就必须离场。但电视和短视频则不一样，电视可以播放到深夜，而在YouTube等网站中，如果将视频播放的功能设置为自动播放，短视频就可以无限播放下去。

这可谓是打发时间的最佳选择。新冠疫情发生后，人们增加了很多空闲时间，而电视和短视频又可以无限播放，因此其使用时间呈现增长趋势也就不难理解了。

观察点 2 > 睡前玩手机会降低睡眠质量

睡前看电视或玩手机，会受到屏幕蓝光的影响，扰乱生理时钟，降低睡眠质量。

一项关于数字媒体和睡眠质量关系的研究

广东财经大学教师关远和华东理工大学教师段文杰以394名大学生为对象进行了一项调查。结果显示，睡前使用电子产品会对视觉造成刺激，进而导致身心疲劳。

此外，贝勒大学的斯克林（M. K. Scullin）等人于2021年进行的一项研究表明，睡前听音乐会影响睡眠质量。因为即使睡着了，大脑还要继续处理声音带来的刺激，因此得不到休息。

睡眠质量的恶化会直接影响身心健康，所以睡前尽量不要看视频和听音乐。

去健身房锻炼身体

那些没完没了地看电视的人，也并不一定是有多喜欢才看得入迷的吧！是不是只要电视开着，明明没有多感兴趣，也会不知不觉看很久呢？因此，本小节将介绍如何摆脱这种状态，帮助我们将注意力转移到该做的事情上。

一项关于健身和自我管理的研究

麦考瑞大学的奥顿（M. Oaten）和切恩（K. Cheng）挑选了24名缺乏运动的男女，让他们先过了两个月无所事事的日子，然后再让他们去健身房锻炼了两个月。结果惊讶地发现，运动后，他们在以下几个方面得到了改善：

①**压力减少。**

②**香烟、酒精和咖啡因的摄取量减少。**

③**会控制情绪了。**

④**做家务的次数增加了。**

⑤**养成了健康的饮食习惯。**

⑥**浪费减少了。**

⑦**能尽义务、守约定了。**

⑧**学习习惯有了改善。**

特别是第⑦项和第⑧项，能让我们提高执行力。所以运动非常适合那些放着正经事不做、看起手机来没完没了的人。而且，运动能让大脑运转得更快，给我们的生活带来活力。

看到这个结果，也许有人会在心里想："不去健身房也没关系吧？只要运动不就行了吗？"

但其实**去健身房锻炼效果会更好**。因为正如本书在前几节中反复提到过的那样，**我们要人为地创造出一个有助于自我改变的环境。**

首先，去健身房做运动可以强制性地将我们和手机短暂地分离。换句话说，我们创造出了一个"看不到短视频的环境"。

当然，有的健身房可能安装了电视，而有些人跑步的时候也会把手机放在跑步机上，边看视频边运动，但这也好过在家什么都不干、一味地躺着刷视频吧？既然来到了健身房，即使是边看手机边跑步，那也是在做运动呢！既看到了自己喜欢的视频，又做了运动，这也可以算是高效地利用时间了。

去健身房做运动还有一个好处。

因为新冠疫情的蔓延，人们外出少了，聚餐也少了，于是就有了较长的空闲时间。

例如，一个上班族，一般每天早上要7点起床，8点出门去公司，9点才能准时到达工作地点。考虑到还要吃早饭、换衣服、化妆等，早上的时间一般是比较紧张的。但是，如果是居家办公的话，只需要准备一下衣服就可以了，每天早上都能有一个小时左右的空闲时间。这么大段的时间，如果能有效利用还好，如果不擅长时间管理，就只会在看电视、刷手机这样的消遣中白白浪费掉。

因此，前往健身房，将自己置身于一个新的场所、新的环境，就能增加自律的可能性，改善自我调控的效果。

一箭双雕

规定好截止时间

对于懒得去健身房的人，本书推荐一些简单易行的小方法。人们之所以沉迷于玩手机，其中的一个原因就是没有预先设置一个结束时间。本小节介绍几项与提高时间管理能力有关的研究。

一项关于自我规定截止时间的研究

麻省理工学院的阿里埃利（D. Ariely）和欧洲管理学院的维滕布洛克（K. Wertenbroch）的一项研究表明，如果人们自己设置了结束时间，那么人们一般会在截止时间之前做完所有事情。而且，如果进一步规定超时会有惩罚的话，守时的人会更多。

在这项研究中，最重要的就是要由自己来决定截止时间。

能意识到结束时间，就能提高时间管理能力，这个道理是显而易见的。如果再加上计时器等工具，实践起来可能就更加容易一些。

17 不想做饭

新冠疫情之后，人们宅在家的时间就多了起来。吃腻了外卖之后，很多人便开始自己试着做饭，不曾想却意外地发现了做饭的乐趣。

有享受做饭的人，自然也有饭做够了的人。但即便再不愿意做，也不能每天都外出就餐或者点外卖呀！

那么，如何调节这种心理，让自己变得爱做饭呢？接下来本小节就为大家介绍一些自我调控的方法。

观察点 1 > 长期在外就餐对健康不利

每个人的生活方式都不一样。或许有人会认为，不在家做饭也不是什么大问题。但众所周知，从合理膳食的角度来看，每顿饭还是应该主食副食、主菜配菜搭配均衡才行。**而日本厚生劳动省一项调查表明，越爱在外就餐或吃外卖的人，其主食副食、主菜配菜的搭配就越不合理。**

此外，再介绍一项在中国台湾进行的长达10年的研究。

一项关于家庭饮食与健康的研究

一项针对居住在中国台湾的65岁以上的1 888名男女进行的调查显示，每周在家做饭5次的人，10年后的生存率比不做饭的人高出47%。

73

观察点 **2** › **外出就餐比较费钱**

虽然提供健康饮食的餐饮店越来越多，但无论是餐馆的饭菜，还是熟食或便当，即使再健康，也不如自己在家做饭经济实惠。

日本岐阜大学曾以大学生为对象进行过一项调查，结果发现，女生自己做饭的比例更高。无独有偶，日本总务省统计局进行的全国消费实际情况调查也显示，男性在伙食费上的支出比例确实更高一些，说明外出就餐确实比较费钱。

自我调控方法 **1** 自问自答

多伦多大学的丘雷特和英斯里克特的研究结果表明，自问自答可以提高自我控制力。

关于通过自问自答进行自我控制的研究

丘雷特和英斯里克特将实验分为以下两组，要求两组学生在看到指定颜色的图形后按下按钮。同时，还给予两组学生不同的干扰：

①可以自问自答，比如问自己接下来要做的行动或选择是否正确；
②用不太惯用的手画圆圈，无法自问自答。

实验结果表明，第①组的正确率比第②组高出30%。这说明自问自答能帮助我们做出正确的判断。

当你不想做饭的时候，你不妨也试试自问自答的办法，问问自己不做饭的话会不会有什么影响、会不会有罪恶感，等等，之后就能做出正确的判断了。

自我调控方法 2　报个烹饪班

2011年10月以来，日本味之素集团在东日本大地震中受灾的日本东北各县持续举办了一项名为"红色围裙互动项目"的活动，日本东北大学的田代（A. Tashiro）等人针对这个活动的效果进行了一项调查。

关于烹饪班和家庭饮食的研究

东日本大地震发生后，受灾的人民搬进了临时住宅居住，受场地的限制，人们不能像以前随心所欲地做饭了，因此摄取的营养多多少少会有些失衡。

此外，在临时安排的住宅中，左邻右舍不再是以前的老邻居，邻里关系被彻底打破，很多人开始闭门不出。而这种生活方式也存在着许多健康风险。

为改善上述情况，味之素集团在临时住宅的公共区域开办了烹饪班，同时也开展了多种多样的活动。

田代等人的调查表明，这个项目有效地提高人们对烹饪的积极性，同时还均衡了膳食营养，提高了人们的社交能力。

自律最需要的就是"强制力"。

对于因为"不想做饭"而迟迟不开始行动的人，最需要的就是强制力。看到上面的研究结果，你是否也动心了？那就不妨去报个烹饪班吧！

烹饪班的上课时间是固定的，钱都交了，不去就太可惜了，这样就有了强制的效果。另外，**学习了烹饪之后，一般都会产生给家人"露一手"的心理**。从这个意义上来说，报烹饪班能有效地提高在家做饭的频率。

18 出门约会嫌麻烦，人际交流减少又嫌寂寞

新冠疫情暴发之后，人们之间见面的机会大幅度减少，而感到寂寞和孤独的人自然也就不断增多。日本厚生劳动省的一项调查显示，因见不到亲朋好友而不安的人，占比高达47.9%。

如今，虽然这种现象有所缓解，与人交流的机会比疫情时有所增加，但要想恢复成疫情之前那样与亲朋好友一起长时间聚会畅饮还需要时间。不少人现在也已经习惯了这种寂寞孤独的状态，但科学研究表明，长期的寂寞会对身心造成不良影响。

观察点 1 ＞ 幸福指数降低了

人际交流减少并不是一个好现象。因为寂寞感和孤独感对我们的健康也有很大的影响。

与人面对面交谈或肌肤接触，可以促进后叶催产素（oxytocin，脑下垂体后叶荷尔蒙之一种）的分泌。这种后叶催产素能让人产生幸福感，减轻压力，因此常被称为"幸福荷尔蒙"。也就是说，如果长期不与人交流，会导致后叶催产素分泌不足，从而降低幸福指数。

此外，后叶催产素还能促进血清素（serotonin）分泌，帮助人们保持安定的心情。而且，血清素是制造褪黑素的原料，而褪黑素又是优质睡眠不可或缺的物质。

换句话说，如果人体内缺乏后叶催产素，那么无论是在精神上，还是在身体上都有可能出现问题。尽管"兔子太寂寞了会死掉"只是一个都市传说，但如果我们人类长期过着孤独寂寞的生活，就算不会致死，也会有损身心健康。

催产素

使人们保持身心安定
血清素
"睡眠荷尔蒙（即褪黑素）"的原料

观察点 2 > 想不出新创意

如前文所述，人际交流减少对健康有着诸多负面影响，但其实它对工作也有许多影响。

工作中与人沟通是很重要的，因为**人们很多时候都是从闲聊中获得的灵感**。比如，本书作者们在酒桌上闲聊时就获得过不少的研究灵感。

这不仅仅是一种个人感觉。2021年9月，美国微软公司的Longqi Yang等人在《自然·人类行为学》（*Nature Human Behaviour*）期刊上发表了一篇文章，对新冠疫情影响下微软公司6万名员工的远程办公情况进行了调查。

在这次调查中，研究人员特别关注了因远程办公而产生的两种现象。一种是面对面、开会、打电话等同步沟通减少了，聊天、发邮件等异步沟通增加了。

在同步交流中依然存在单纯的闲聊现象，但异步交流中却有所减少。虽说闲聊看起来有些浪费时间，但实则包含了一些有效的信息。

另一种现象便是组织的固定化。一些公司在设计办公室的时候，往往会在合适的位置设置一个咖啡角，便于公司职员在这里休息、闲谈，增加不同部门的人相遇的机会，从而促进部门间的合作。这种现象在国外的企业中尤其多。但是，自从新冠疫情肆虐、人们纷纷开始居家办公以来，与本部门以外的人进行交流的机会减少了。

该文指出，这些都有可能导致工作产出质量下降。虽然有些工作在家就能完成，特意跑去公司反而没什么意义，但如果同事间沟通太少的话，工作效率也会随之下降。

把自己置身于有交流欲望的环境中

很多人觉得与人见面要顾虑到很多事情，比较麻烦，因此，新冠疫情之后他们也比较抵触和别人重新建立起联系。

但是，正如前文所述，沟通的减少会对身体和工作都造成不良影响。因此，面对这个问题，我们依然要先遵循自我控制原则，调整自己周边的环境，让身处其中的你产生与人沟通、交流的欲望。

斯坦福大学的津巴多（Philip Zimbardo）教授认为，**决定人类行为的是环境，而不是性格。**为证明这个观点，1971年，他进行了一项著名的也颇有争议的实验——斯坦福监狱实验。

人类的行为是否会因环境而改变

津巴多在大学里建造了一座模拟监狱，并制作了一批狱警服和囚服。之后，他对前来应征的100位志愿者进行了心理测试，最终选中了21名具有标准性格的年轻人参与到实验中。他将这21名年轻人随机分成两部分，11人充当狱警角色，另外10人充当囚犯角色。

实验一开始，那11名狱警原本对于自己的角色是抱有一定罪恶感的，但随着时间的推移，他们变得越来越有攻击性。由于他们管理囚犯的方式过于暴力，原定为期2周的实验被迫于第6天就中止了。

这个实验结束后，很多人从实验的真实性等各个角度提出了质疑。有人甚至认为，津巴多其实"不只是赋予了志愿者以狱警和犯人的角色，还诱导他们采取了暴力行为"。2002年，英国广播公司BBC也进行了类似的实验，却没有发生同样的暴力事件。

狠狠地揍你一顿

好可怕…

但是，即使津巴多的实验中存在着诱导行为，"人类的行为会因环境和他人的影响而改变"这一结论也是不会变的。既然赋予了志愿者以狱警的职责，那么就是将志愿者放置在了一种固定的环境中，让他感觉到了"狱警就应该是有攻击性的"，这才导致他的行为模式发生了变化。

因此，要想让自己变得积极起来，最重要的就是先改变环境。我们应该先想想自己在什么样的环境下才愿意与人交流，才能以构建此环境为目标去做出改变。

例如，我们可以试着去健身房请个私人教练，或是去参加一些志愿者活动，或者报一些兴趣班，等等，这些行为都属于半强制性的交流。

我们不妨好好想想，在我们的周围，哪些地方是比较愿意去，并且去了之后还能改变自己的呢？如果你想到了，那就赶紧行动吧！

自我调控方法 2 一边抱着什么一边对话

得益于互联网的发展，我们现在无论身处何方都可以与人畅聊了，也不用担心话费了。甚至在新冠疫情暴发之后，社会上还流行起了网上聚会等新型交流方式。

本小节为大家介绍一些视频通话或打电话时排解寂寞的小动作。

国际电气通信基础技术研究所的住冈（H. Sumioka）
等人的一项研究表明，人们抱着抱枕之类的东西打电话
或上网时，皮质醇（被称为"压力荷尔蒙"）会降低，而后叶催产素（即
"幸福荷尔蒙"）会增加。

研究人员将实验对象分为以下两组，并要求他们进行15分钟的对
话。同时，研究人员于对话开始前和结束后还分别采集了两组实验对
象血液和唾液，用于成分比较。

①只打电话。

②一边抱着抱枕一边打电话。

实验表明，第②组分泌的后叶催产素，较之第①组要高一些。

因此，聊天的时候抱着抱枕之类的东西，会比平时分泌出更多的幸福
荷尔蒙，排解寂寞，我们大家不妨试一试。

自我调控方法 3 多和动物接触

排解寂寞的另一个方法是多与动物的接触。因为多与动物肌肤接触也
有助于分泌后叶催产素。

一项关于动物和后叶催产素的研究

密苏里大学的约翰逊（L. Johansson）等人以19~73岁
的实验者为对象，让他们分别触摸小狗和机器狗Aibo。

之后，他们对采集到的实验对象血液中的血清素和后叶催产素进
行了对比分析，结果显示，触摸小狗时，实验对象的血清素分泌量增
加了，而触摸机器狗时则减少了。

据日本宠物食品协会称，日本2020年新饲养的宠物狗与前一年相比增加了14%，而宠物猫则比前一年增加了16%。这说明新冠疫情暴发后，人们对于宠物的需求大幅增加。但是，饲养宠物比较费钱，而且要对宠物生命负责任，双重压力下，放弃饲养的人也同样增多了。

如果人们是在真正理解生命的重要性、了解饲养宠物的辛苦的基础上决定养宠物的话倒也无妨，但如果仅仅是想要与动物有些接触的话，**本书建议可以先去一些能和动物进行短时间接触的地方**，比如近年来兴起的小狗咖啡店和小猫咖啡店等，也可以去动物园看看。

19 早就想去散步却迟迟不肯行动

　　新冠疫情暴发后，各国政府呼吁居民减少外出，居家办公。当时，很多人担心长期闭门不出会导致身体僵硬，因此便开始了徒步和慢跑。

　　而现如今，还有多少人在坚持这个习惯呢？是不是都找了各种理由放弃了？其实，良好的运动习惯好处多多，我们还是应该继续约束自己，让良好的习惯保持下去！

观察点 1 ＞ 新冠疫情会让人们更加缺乏运动

　　新冠疫情暴发后，人们都开始闭门不出，运动量也比以前减少了。这一点，恐怕大家都有切身感受吧！

　　日本亚瑟士（ASICS）商事和日本松下集团联合对全国1000名30~69岁有户外徒步经验的人进行了一项身体健康情况调查，调查结果如下图所示。被选择最多的选项是"视疲劳（60.2%）"，其次是"易感疲惫（55.9%）"，然后是"肌肉无力（55.4%）"，如下图所示。

　　事实确实如此。该报告认为，之所以有那么多人产生"视疲劳"，是因为新冠疫情以来，人们刷手机、看短视频、浏览社交网站的时间远超以前。

　　其实，该项研究的出发点是调查有徒步习惯的人群，因此，上述数据中值得注意的另外一个现象就是"肌肉无力"。新冠疫情影响下，人们变得闭门不出，因此，超过半数的人觉得自己的肌肉开始变得无力了。

近来人们在身体健康方面的烦恼

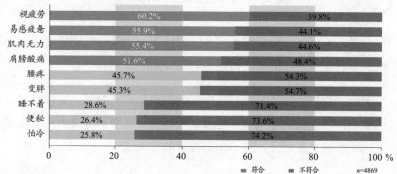

	符合	不符合
视疲劳	60.2%	39.8%
易感疲惫	55.9%	44.1%
肌肉无力	55.4%	44.6%
肩膀酸痛	51.6%	48.4%
腰疼	45.7%	54.3%
变胖	45.3%	54.7%
睡不着	28.6%	71.4%
便秘	26.4%	73.6%
怕冷	25.8%	74.2%

n=4869

（该图出自日本亚瑟士（ASICS）商事和日本松下集团联合发布的调查报告《居民徒步意识及实态调查》）

本书认为，对于完全没有运动习惯的人或是突然中断某种运动习惯的人来说，这不是一个好现象，其中隐藏着非常大的健康风险。

观察点 2 › **要走就走快点**

徒步这项运动可谓好处多多，在促进身体健康的同时又不会给身体带来太大的负担。即使不擅长运动的人，也能轻松驾驭。当然，对自己的体力有信心的人可以选择跑步、游泳等更加剧烈的运动方式，但本小节我们重点介绍的是这项适合大多数人的运动——徒步。

在阳光明媚的户外徒步时，我们的身体沐浴在阳光下，会分泌出一种"快乐荷尔蒙"——血清素。此外，运动还能再增加一些血清素，有利于改善抑郁症状。因此，徒步这项运动不仅有益于身体健康，还有着奇妙的心理治愈效果。

而体力充沛的人则可以试试稍稍剧烈一些的运动。

反复有节奏的运动会增加血清素。不仅剧烈的舞蹈动作如此，走路和咀嚼等动作也如此。所以，我们可以把徒步的节奏调快一点，给身体施加适度的负荷，促进体内血清素的分泌，让你的运动更有效。日本东京都立大学大冢（T. Otsuka）等人的研究成果已经证明了这一点。

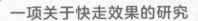

一项关于快走效果的研究

　　大家等人用老鼠进行了一项实验。结果表明，走得快的老鼠比不爱动的或走得慢的老鼠分泌的血清素多。

　　因此，我们不妨通过提高运动强度来增加锻炼效果。徒步时可以稍稍加快步频，以达到微微气喘、心跳加快为宜。从身体健康的角度来看，低强度的徒步虽也有好处，但不如高强度的好处多。

呼

呼

可以稍稍走快点

**自我调控
方法 1**

改变拖延习惯

　　很想去徒步，就是一直没行动。**这种状态就属于拖延症的一种，在英语中称之为"Procrastination"，是科学界的热门研究课题。**

　　在纽约城市大学拉宾（L. A. Rabin）等人的一项研究中，将造成拖延的原因总结为九大因素。

▼ 导致拖延的九大因素

①冲动：做决定之前没有深思熟虑。

②自我监控人格：在意别人的看法。

③策划与整理。

④改变行动。

⑤开启任务。

⑥监控任务进展。

⑦情绪控制。

⑧工作记忆。

⑨认真度。

这些控制和执行方面的能力一旦缺失，都会引发拖延症。而这些行为习惯方面的问题很难找到立竿见影的改善措施。但如果你能够从这①~⑨中找准符合自己情况的那个因素，然后加以克服，你的拖延症就一定能得到很大改善。

此外，斯德哥尔摩大学的罗森塔尔和卡尔布林对有关拖延症的先行研究进行了综合整理，总结发表了一些改善拖延症的对策。

▼ 拖延症的补救措施

①设置即时的快乐反馈或回报。

②减少其他行动。

③消除对失败的恐惧。

徒步这项运动确实不会为我们带来立竿见影的回报，但为了感受到徒步的快乐，我们可以时不时地更换一下路线，发现不同的风景，从而享受徒步带来的乐趣。

此外，我们还要提前确定徒步的日期和时间，并且在那段时间内尽量不要安排其他事情。如此一来，我们就可以专心徒步，而不会被其他的事情所打扰了。

看来，要想克服徒步的拖延症，最重要的依然是要创设一个强制性的环境，让自己别无选择，只能坚持。

20 没有精力泡澡

　　喜欢泡澡的人都爱说，"一天不泡澡就浑身难受"，但也有很多人不喜欢泡澡。

　　而不喜欢的理由主要有两种：一种是单纯的不喜欢；另一种则是工作太累，没有精力去准备泡澡的东西，也打怵于泡澡之后的收拾整理。大多数人属于后一种类型，而这种情况，我们可以通过自我调控来改善。

观察点 1 > 泡澡可以消除疲劳

　　在第一章中，本书介绍过日本千叶大学的李教授（Soomin Lee）等人的一项关于泡澡的研究（第15页）。

关于泡澡和消除疲劳的研究

　　　　该研究针对"泡澡""淋浴"和"桑拿浴"的效果进行了调查。调查结果表明，能消除身体疲劳是泡澡，而能消除精神疲劳的泡澡和蒸桑拿。

　　当然，有时候我们也会纠结，因为也有人说晚上不能泡澡。对于爱好泡澡的人来说，这就是个难题，也许最后他会折中一下，选择淋浴了事。但其实本书认为，比起淋浴，还是泡澡更好一些。尤其是身体比较疲惫的时候，把身体浸泡在热水里，有更好的消除疲劳的效果。

观察点 **2** > **泡澡可以益寿延年**

日常生活中的身心受损，长期积攒之后对身体的危害是巨大的，有些甚至会造成不可逆的影响。一项关于入浴和护理认定风险的调查研究表明，泡澡可以有效地避免这些风险。

 一项关于入浴和护理认定风险的调查

日本千叶大学的八木等人对日本全国约14 000名65岁以上的老年人进行了为期3年的调查，发现每周平均入浴7次以上的老人比每周平均入浴2次以下的老人需要护理的风险更低一些，大约低三成左右。

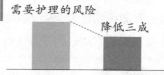

需要护理的风险 —— 降低三成

每周入浴 2 次，每周入浴 7 次

万能的泡澡，果真了不起！

自我调控
方法 **1** **意识到泡澡的好处**

近年来，桑拿浴在商务人士中非常流行，这显然也是因为它好处多多。

忙起来的时候，你是否会感觉到一天24小时都不够用呢？商务人士之所以爱洗桑拿，是因为桑拿浴能提高他们的工作效率。同样都是10个小时的工作，如果洗1~2小时的桑拿，8~9个小时之内就能完成。而没洗桑拿，则需要10个小时才能完成。由此可见，洗桑拿能提高工作效率。一想到有这样的效果，就会产生泡澡和洗桑拿的欲望吧？

晚上没力气洗澡的人大多是由于工作和家务太忙了，而泡澡能提高工作和家务的效率，一旦效率提高了，自然也就有时间继续泡澡了，如此便形成了一个良性的循环。

太热啦！受不了啦！

产生入浴的意识

当然，正如前文所述，有一种观点认为晚上不适合泡澡。确实，入浴带来的刺激确实可能会影响睡眠。因此，本书不建议洗完澡后马上钻进被窝，最理想的入浴时间是睡前1~2小时。

一项关于入浴和睡眠的研究

得克萨斯大学奥斯汀分校的哈伊格（S. Haghayegh）等人针对13项已发表的论文进行了综合研究，分析了提高睡眠质量和效率的方法。分析结果显示，就寝前1~2小时花上至少10分钟的时间用40~42.5℃的热水淋浴或泡澡，对于提升睡眠质量是最有效果的。

睡眠不足是导致各种身心不适的元凶。我们需要首先意识到错过最佳入浴时间将影响睡眠，才会产生"必须早点泡澡"想法。

而其他研究也曾证实，如果意识到会产生消极结果，人们往往会改变行为模式。因此，当你觉得泡澡很麻烦的时候，请多想想不泡澡对睡眠的不良影响，每天早早地洗个澡吧！

21 不守时

很多人会在约会的时候迟到，而迟到是会大大降低好感度的行为，所以一定要改正，不要成为别人口中的"有迟到习惯的人"。那么，有什么办法能帮助我们改掉迟到的坏习惯呢？

观察点 **1** 〉 **"不守时 ≠ 性格不好"**

再次重申一遍，踏入社会后如果还不守时，将很难得到周围人的信赖，还会让对方心生芥蒂。

但是，也不能因此就说"迟到的人=坏人"。迟到的原因大致分为以下4种。

▼ **迟到的原因**

①**过于专注于某件事。**

②**时间感觉不发达。**

③**忘记。**

④**不擅长逆推时间。**

这样看来，经常迟到的人并不一定是性格不好的人或以自我为中心的人。当然，这只是"不一定"。性格不好的人中也有人爱迟到，诚实、懂得尊重他人、性格较好的人中，有迟到习惯的人也有很多。

观察点 **2** › **时间管理最重要**

即便对于约会的对象怀有敬意，也还是会迟到，这是为什么呢？

答案就在上述4种原因中。大部分是因为过于专注于某件事以至于延误了时间，或是因为没有时间管理的能力。能够很好地控制自己时间的人，一般情况下不会迟到。

不会控制时间的人，在工作中的表现基本上也不会太好。这个缺点，一个人独自完成自己分内的工作时还不太容易暴露，但一旦与人约好见面，有了见面对象的见证，这一缺点就藏不住了。

自我调控方法 **1**

去健身房

本书在第16小节《看不完的电视 刷不完的短视频》（第68页）中介绍过的麦考瑞大学的奥顿和切恩的研究。奥顿和切恩挑选了24名缺乏运动的男女，让他们无所事事地生活了两个月，然后再让他们去健身房锻炼了两个月。

实验结果表明，这些人变得能"尽义务，守约定"了。

我们可以通过"去健身房=养成运动的习惯"的方式来调整身心状态。

无论是技术多么细腻而卓越的工匠，如果连续多日加班或睡眠不足，就无法正常发挥其技术。同样，体力好、不疲劳的时候，更容易发挥时间管理的能力，也不容易迟到。

越优秀越自律。优秀的科研人员和商界成功人士中，很多人有去健身房锻炼的习惯。

为了养成运动的习惯，我们每天都要抽出一定的时间，去健身房锻炼一下，或是在小区里跑跑步。虽说要花些时间，**但运动可以让我们的能力、技能等稳定地发挥到较高的水平。而且，从结果上看，那些脑力超群的人一致认为，这样可以有效地利用时间。**当你变得健康后，你的人生总时长也会随之延长。

也许，很多人很难将"守时"和"运动"这两件事情联系到一起，但如果你总是迟到，不妨试着去健身房锻炼几天试试。如果你去的是带桑拿的健身房，健身的同时还可以顺便洗个桑拿，这样身体状态会更好。

自我调控方法 2 把约定写下来贴在墙上

对于原本就喜欢运动、对自己的体力有自信的人来说，去健身房锻炼这个方法是没有太大帮助的。也有的人会因为经济、时间等方面的原因无法去健身房运动。

而解决迟到问题的方法不止去健身房这一种，我们也可以试着提高时间管理的能力。

我们可以利用一些日程管理软件，它可以不厌其烦地提醒我们注意时间。我们也可以挑选一款让自己爱不释手的手账，将重要的约会内容写在手账里。

但是，在使用这些工具之前，更重要的是让大脑产生守时意识。如果意识不到遵守时间的重要性，无论提醒多少遍都还是会忘的。为了避免这种情况发生，我们需要不断地增加与时间管理有关的言行，让"守时"这个观念牢牢地存在于大脑之中。

就像肌肉越锻炼越有劲一样，在面对某项指令时，大脑神经也是越刺激越发达。

在此，本书推荐一个最简单直白的方法：将"遵守约定时间""某月某日某时要和某某见面"等内容写在纸上，贴在墙上显眼的地方。

加州多明尼克大学的马修斯（Matthews, G.）曾研究过将目标明确化之后的效果。

一项关于目标明确化的研究

马修斯召集了267位来自美国、比利时、英国、印度、澳大利亚、日本的不同行业的志愿者，组成了5个小组。每个小组要完成什么目标、要采取什么行动都可以自行决定，只是必须遵从以下要求：

第①组：不写目标（自行记住即可）。

第②组：写下目标。

第③组：写下目标和行动承诺。

第④组：写下目标和行动承诺并寄给朋友。

第⑤组：写下目标和行动承诺，寄给朋友并记录行动进度。

从实验结果来看，若以第①组的目标达成率为基准，第②组约为第①组的1.2倍，第③组约为1.4倍，第④组约为1.5倍，第⑤组约为1.8倍。由此可以看出，像第②组那样只是简单地把目标贴在墙上，就是什么都不做的成功率的1.2倍。

这个实验结果很有启发性。有很多研究表明，手写学习更容易加深记忆，"写"这一行为本身就能加深大脑对约定时间的意识。而同时写下行动计划并分享给朋友、熟人，则会收到更好的效果。

比起单纯地记住目标，将目标写下来让其"可视化"，效果会更加明显，而且内容越具体越好。最好把这个目标也告诉给身边的人，让他们来监督你，这样一来，你不完成目标都不行啦！

这样看来，把"改掉迟到习惯"设定为目标应该也会很有效果。但目标不是写下来就可以了，一定要把它贴在醒目的地方，让自己的眼睛也经常看到才行。

另外，如果你喜欢浏览社交网站，那么最好养成浏览之前先看一眼日程安排软件的习惯，看看你有多少时间可用，这样便能提高你的时间意识。解决问题的第一步，就是意识到问题的所在。只有让自己不断意识到"迟到的习惯是可以改变的"，才能提高时间管理的能力。

22 一坐就是一天

　　休息日里很多人爱玩游戏，玩着玩着一天就过去了。工作中也是如此，集中精力工作的时候，时间一眨眼就过去了，等发现的时候，可能已经保持某个工作姿势几个小时了。其实人们未必不知道久坐不动对于健康的危害，但却一直懒得动。本小节就来谈谈如何改善这种情况。

观察点 1 〉 久坐不动会缩短寿命

　　久坐不利于健康，这是有科学依据的。

一项关于久坐与健康之间关系的研究

　　哈佛大学的李教授（I. M. Lee）等人的研究表明，久坐会导致心脏病的患病风险上升6%，糖尿病的风险上升7%，乳腺癌和大肠癌的风险上升10%。

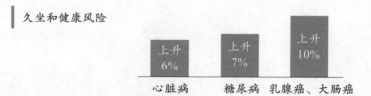

久坐和健康风险

心脏病　上升6%｜糖尿病　上升7%｜乳腺癌、大肠癌　上升10%

　　另外，悉尼大学的查乌（J. Y. Chau）等人发现，与每天久坐时间不足4小时的人相比，每天坐8~11小时的人死亡风险增加了15%，而久坐超11小时的人死亡风险则增加了40%。

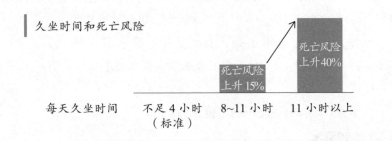

久坐时间和死亡风险

| 每天久坐时间 | 不足 4 小时（标准） | 8~11 小时 | 11 小时以上 |

死亡风险上升15%

死亡风险上升40%

观察点 **2** > **坐着很难运动**

站着还是坐着，这个问题与我们的生活密切相关，因此研究也很多。很多实验结果表明，坐着和站着对健康没有特别的影响。

但是，有一点可以肯定的是，坐着是很难运动的。虽然最近市面上有一种电动器械，可以把脚放在上面来晃动肌肉，但除此之外，一般情况下坐着的时候是无法运动的。格拉斯哥卡利多尼安大学的查斯汀（S. Chastin）等人认为，**比起久坐时间的长短，活动起来更重要。**

轻度运动与健康研究

研究者对约8000名中老年人进行了一项调查，要求他们将平时坐着的时间抽出30分钟来做轻微的运动（比如散步）。实验结果表明，早期死亡风险可降低17%，如果增加运动的负荷，早期死亡的风险最高可降低35%。

轻度运动与早期死亡风险

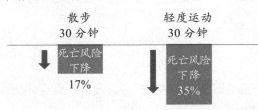

| 散步30分钟 | 轻度运动30分钟 |

死亡风险下降 17%

死亡风险下降 35%

虽然久坐对健康的负面影响还不明确，但可以肯定的是，坐着的时间越长、活动的时间就少。本书也多次提到过运动的重要性。

另外，如果坐姿不正确，有可能患上经济舱症候（economy class syndrome）。事实上，长期伏案工作确实会让人腰酸背痛，有时甚至痛得坐不住椅子。

总体说来，久坐还是不利于健康的。

自我调控方法 1 用计时器提醒，每30分钟站一次

观察点2提到的格拉斯哥卡利多尼安大学的查斯汀等人在研究报告中建议，人们可以借助一些计时工具的提醒，每隔30分钟站起来活动活动，养成站立的习惯。

而且如果工作走不开，没有必要勉强停下，你只需要迅速站起来，然后马上坐下就可以了。

如果一直保持同样的姿势，肌肉会僵硬，血液循环也会变差。总之，无论怎样，不要一直让自己保持一个姿势。

自我调控方法 2 换成立式办公桌

如果要采用强制改变环境的方式降低健康风险，那么本书推荐使用立式办公桌。

加利福尼亚大学洛杉矶分校的芬奇（L. E. Finch）等人进行了一项关于立式办公桌的研究。

一项关于立式办公桌的研究

该研究以96人为对象，调查了站立办公30分钟后的工作效果。

研究结果发现，站立式办公没有对实验对象的理解力和创造力造成任何影响。

这种方式甚至比坐着办公更能让人集中注意力，也让人更能以饱满的热情去面对工作。

设定固定的时间，养成偶尔立式办公的习惯，应该能提高我们的工作效率。

站着　　坐着

自我调控
方法　**3**　　**坐姿端正**

也有很多研究认为，坐着办公和站立办公二者之间没什么区别。实际上，长时间站着的时候，一旦聚精会神地投入工作，就会不自觉地一直保持同一个姿势，健康风险也会随之增加。

平时我们在家里窝在沙发上玩游戏的时候，是不是怎么舒服怎么躺呢？但其实居家工作也好，在家玩游戏也罢，都需要注意身体姿势。最理想的姿势当然是挺直腰杆了。有研究表明，弓腰驼背对精神健康会造成不良影响。

一项关于姿势和心理的研究

卡尔加里大学的里斯卡印多（J. H. Riskind）和得克萨斯农工大学的戈蒂（C. C. Gotay）的一项研究结果显示，当人们弓腰驼背时，更容易产生无力感，更容易感受到压力。

马德里自治大学的布里尼奥尔等人研究发现，越爱挺直腰板的人，越容易对自己进行积极的自我评价，对自己的想法更加有自信，对未来也更加会积极思考。

姿势对精神健康的影响超乎我们的想象。我们平时就应多加注意。

23 乱糟糟的房间

在日常生活中，很多人的房间都是乱糟糟的。也有人是因为受新冠疫情影响，在家的时间多了，房间自然就变得有些乱了。

乔治亚理工学院的苏马等人认为，整理房间需要具备多种能力，尤其以下面三种为代表：

①搬动物体所需的身体能力。

②正确感知物品大小和空间大小的知觉能力。

③决断、注意、记忆等认知能力。

而这些能力都是十分费"大脑"的，所以难怪有不少人不擅于整理房间。

观察点 1 > 三种"不会整理的人"

以下三种人，最容易将房间弄得乱糟糟的。

▼ 三种不会整理的人

①爱拖延的人。

因为总有其他要做的事情，不知不觉就把整理的事情先放一边了。

②被其他事情吸引而忘记整理的人。

这种类型与第一种很接近，在整理这件事情上注意力涣散，对其他的事情倒是很专注，甚至有时会专注到忘记整理这件事。

③不舍得扔东西的人。

这种类型的人喜欢攒东西，舍不得扔东西，又不擅长收纳，因此房间里很快就会被东西堆满。

观察点 2 ＞ ADHD人群不擅长整理

佛罗里达州立大学的科弗勒（M. J. Kofler）等人对ADHD（Attention Deficit Hyperactivity Disorder，注意力缺失、多动症）患者在做整理工作时的状态进行了调查。

一项关于ADHD特质和整理能力的研究

该研究认为，整理工作和工作记忆有很深的联系，而ADHD人群的工作记忆普遍受损，所以ADHD人群一般都不擅长整理房间。

ADHD人群多伴随有拖延症、多动症，导致注意力不集中、不会确定事情的优先顺序等。也有很多人属于前文中提到的那三种类型。而这都有可能是工作记忆功能受损导致的。

自我调控方法 1 要坚信整理是件快乐的事情

德波尔大学的费拉里（Joseph R. Ferrari）等人的研究表明，有拖延症的人一般不擅长整理。

一项关于拖延症与整理的研究

费拉里等人召集了约50人（男女均有）参与到这项研究中。他们为这50位实验对象布置了游戏、解谜、数学等任务，并设置了练习时间。实验显示，有拖延症倾向的人在做数学类任务之前都没有进行练习。

做好玩的游戏类、猜谜类的任务之前就练习，做看起来就有难度的数学题之前就不练习、直接开始做。这也是拖延症的表现。

但是，面对同样一个数学任务，当研究人员告诉实验对象该任务很有趣之后，做练习的人就增加了。

我们的大脑极其复杂，大部分是"黑匣子"（心理学家将大脑称为人类认知的"黑匣子"，寓意大脑神秘而复杂——译者注）。**但有时候也很简单，简单到只要听到"很开心"，就会真的产生开心的感觉。**从这点来看，我们的大脑真是单纯到有点可爱了。

基于大脑的这个特点，在面对讨厌的整理工作之前，我们不妨先让自己觉得"整理是快乐的"。

此外，我们还可以购买一些自己中意的清洁工具和整理神器，营造出一个更愉快、更积极的环境。

还有一项研究表明，详细记录工作目标和工作报酬有助于拖延症人群展开积极的行动。

我们不妨将这个研究结果应用到工作和生活中去。目标不要设置得太大，不要想着把乱糟糟的房间一口气打扫干净，而是先定一个小目标，把其中的一个角落打扫干净后就奖励自己一顿美食。

降低目标门槛，通过容易完成的工作，启动大脑的奖励系统，便能开启积极的行动。一边给自己报酬，一边积累小小的成功体验，会让大脑认为整理也不是一件难事。

对于不爱整理的人或是爱攒东西的人来说，若将整理工作设为"日常惯例"，效果可能更好一些。

ADHD和ASD（Autism Spectrum Disorder，自闭症谱系障碍）患者往往会对已经决定的事情非常执着。虽然他们不擅长整理，但如果将整理工作设为一项日常工作，就会在不知不觉中让他人变得擅长整理起来。

为此，本书推荐大家使用在第12小节《失误多到自我嫌弃》（第48页）中介绍过"if-then planning（情景规划）"法。事先做好规划，"如果发生了○○（if），就执行××（then）"。

在事前做好计划，就不怕中途发生什么变故。因此，情景规划法可以让我们心无旁骛地行动。此方法对于注意力不集中的人也很有效，尤其适合爱攒东西的人。

先给自己立个规矩：如果这个架子上的东西放满了，就必须扔掉一些不常用的。如此一来，就可以防止杂物堆积。

但本书认为，不爱整理的人，会找很多理由来偷懒。一个办法是无法完全解决的，因此本书建议将自我调控方法1、方法2和情景规划法结合起来，愉快地、积极地开启整理工作。

24 怎么也记不住，学了半天还在原地

　　每个人的学习方法都不一样。明明认真地伏案学习了，却总觉得效率很低，学习中应该不少人会遇上这样的情况吧？

　　时间对于所有人都是平等的，一天只有24小时，我们能做的，只有提高学习效率。

观察点 1 > **刺激越强烈，记得越牢**

　　想必很多人有这样的体会：学习时大声朗读或边读边写，比只看书的记忆效果要好一些。这一点已经得到了科学的证实。

> **一项关于学习记忆的研究**
>
> 　　福冈教育大学的森敏昭的一项研究结果表明，大脑在受到"朗读"这种更强烈的刺激时，记忆效果会更好。普林斯顿大学的穆勒（P. A. Mueller）和加州大学洛杉矶分校的奥本海默（D. M. Oppenheimer）的研究结果则表明，"写下来"这一行为本身就让人记忆更加深刻。
>
> 　　这就是为什么复习一遍比只学一遍更能加深记忆的道理。

观察点 **2** ▶ **大脑的状态也很重要**

认真地看书，然后在纸上多写几遍，会让大脑意识到这个知识点很重要。但如果这个过程中大脑不在状态，效率也同样会下降。

本书前面提到过，一直重复做一件事，大脑会疲劳，注意力也会下降。很多人认为自己记忆力不好，就必须付出比别人多的时间来学习。但其实这样反而会让大脑长期处于疲劳状态，很难将学习内容形成固定记忆。

坎特伯雷大学的赫尔顿和罗素曾针对专注力进行过一项研究（第7页），研究结果表明，定期休息或做其他工作换换头脑，比持续做同样的工作效率更高。

自我调控方法 **1** **备课式学习**

要想把学到的内容装进大脑，我们必须让大脑认为这个知识点很重要，才会印象深刻。前文中提到的朗读、手写、复习等方法，均是遵循这个规律。本小节再介绍一些不同的方法。比如华盛顿大学圣路易斯分校的尼斯特科（J. F. Nestojko）等人进行的一项研究。

一项关于学习的研究

尼斯特科等人将56名大学生分为以下三个小组进行实验。

第①组：学习后需要教给别人。

第②组：学习后需要接受测试。

第③组：没有任何附加条件地学习。

研究人员让所有大学生阅读一篇文章后，休息一段时间，做一些与学习无关的事情，然后要求他们针对刚才所阅读的文章进行自由转述和简答。

实验结果发现，无论是自由转述还是简答，第①组的成绩都是最好的。

大家应该都有过这种经验：在学生时代，如果老师说某个知识点一定会考，那么这个知识点肯定会记得比别的更牢固。虽然第②组也能让大脑意识到这个知识点的重要性，但从结果来看，第①组的记忆效果更胜一筹。

在这个实验中，实际上并未让第①组的人把学到的知识教给别人。这说明，只要抱着备课的"心态"去学习，就能提高学习效率。

这个方法不需要准备什么特别的道具，只要具备"教别人"的意识就可以了，大家不妨一试。

自我调控方法 2　找个学伴

在考试前的冲刺阶段，很多人会叫上同伴一起去图书馆复习。

从学习效率的角度考虑，这也是本书推荐的做法。实践证明，这种学习方式能够科学地提高学习效果。

❓ 一项针对伴学效果的研究

华盛顿大学圣路易分校的索耶（R. K. Sawyer）和伯森（S. Berson）通过观察小组学习动态发现，与他人一起边讨论、边学习的效果更好。

讨论的时候，学生需要把视线从书本上移开，针对所学知识组织语言向小组成员阐述自己的观点。而要想更好地组织语言，学生必须首先将相关知识理解得更为透彻，如此一来，学习时也会加倍用心，学习效果自然更好。

也就是说，第 4 题是把相对性理论……

如果只是单纯地和别人一起学习，效果并不明显。要针对学到的内容互相交流，才可以提升学习效果。这个方法在考试前使用，效率更高，效果更好。

学习前散步 10 分钟

本书曾多次强调，如大脑处于疲劳状态，学习效率并不高。即使采用"备课式"方式进行学习，如果大脑过于劳累，那么记忆的稳定性也会大幅下降。

此时要想改善大脑的状态，最需要的就是氧气和糖分。

人类需要摄取充分的氧气和糖分来供身体消耗。其中，大脑消耗的氧气约占全身氧气消耗总量的20%，葡萄糖约占25%。人类不呼吸就无法生存，因此吸取氧气是人类的本能。而糖分的摄取方面，由于很多人有吃零食的习惯，因此糖分的摄取一般是充足的，甚至是过量的。我们反而要注意不要摄取得过多，以免患上糖尿病或成为"糖尿病前期"人群。

身体的糖分和氧气足够了，那么，如何才能给大脑供给更多的氧气和糖分呢？

那就需要**促进血液循环，让氧气和营养物质充分流向大脑**。为此，我们需要做些轻松的"运动"。

一项关于运动和记忆的研究

伊利诺伊大学的萨拉斯（C. Salas）等人将实验对象分为以下两组进行了研究。

第①组：散步10分钟。

第②组：坐10分钟，看风景照片。

先让两组分别完成上面的任务，然后给两组一些名字去记忆，最后再分别做一次同样的任务后进行测试。结果显示，第①组的成绩比第②组好25%。

顺便说一句，虽说运动是件好事，但也没必要勉强自己去做那些剧烈的肌肉训练。剧烈运动确实会增加脑部供血，但无氧运动是否能提升学习效果，目前学界尚无定论。

但大前提是不能过量运动。运动一旦过量，身体会较为疲惫，学习效率也会随之下降。我们可以在学习前先做10分钟的有氧运动，如散步、爬楼梯、跳绳等。

25 戒不掉的酒

你是不是经常这样：和亲朋好友一起吃饭，觥筹交错间，不知不觉就喝多了，回家的电车里或是第二天的早上睡醒后又止不住地后悔。也有人因为新冠疫情暴发后，居家的时间变长了，酒量也增加了。我们经常说要适度饮酒，莫贪杯，可见饮酒的行为也是需要自我控制的。

观察点 1 > "酒并非百药之长"

民间有"酒乃百药之长"的说法，意思是少量或适量饮酒对身体有好处。但**如今的科学却认为，饮酒量无论多少都无益于健康。**

过度饮酒最严重的危害是损伤大脑。大量饮酒而不摄入含维生素B_1的食物，会导致脑组织维生素B_1的缺乏，从而引发韦尼克脑病，也会并发科尔萨科夫综合征。过度饮酒可能会给大脑带来不可逆的记忆损伤。

观察点 2 > 喝酒有百害而无一利

经常喝酒的人要注意了，平时喝点倒是无所谓，但如果是为了忘记一些事情而产生酒精依赖的话，本书建议您马上戒掉。

因为研究表明，**如此饮酒非但没有任何意义，反而会起到相反的效果**。

一项关于饮酒的研究

　　东京大学的野村（H. Nomura）和松木（N. Matsuki）进行过一项研究。他们对老鼠进行电击，又给其注射了酒精，并观察老鼠的反应。实验结果表明，注射酒精之后，老鼠会变得比单纯被电击时更胆小。

　　这项研究虽然是以老鼠为对象进行的，但人类也一样。

　　有人认为喝酒可以忘掉烦恼，很多人一喝多就倒下睡着了。但实际上无论你睡多久，烦恼也不会消失。醒来后，人生还要继续，而烦恼不仅没消失，反而更加让你印象深刻。

　　美国国立卫生研究院（National Institutes of Health，NIH）的霍姆斯等人的研究结果显示，人类本就具备消除不愉快记忆的能力，而经常性饮酒会导致这种能力的退化。

　　因此，我们应该发自真心地戒酒，尤其是戒掉那种想借酒浇愁的喝闷酒行为。

记录式饮酒

对于能控制住自己酒量但控制力又有限的人来说，本书推荐一种方法：记录式饮酒。

这种方法与"记录式减肥"是一个道理。所谓"记录式减肥"，就是将每天吃的食物记录下来并进行可视化饮食管理。

在浏览器中搜索"饮酒记录小程序"，就会发现很多"减酒日记""饮酒记录"之类的网站，下载之后就可以记录每天的饮酒量。

其中，**本书推荐大家下载的是那种具有"饮酒超过一定程度时发出警报"功能的小程序**。这个小程序在伦敦大学的克莱恩等人发表的一篇关于饮酒和警报的论文中有介绍。

一项关于饮酒与警报的研究

研究人员使用一个有记录功能的应用程序将实验对象分为以下三组进行了一项实验。

第①组：开启警报显示功能。

第②组：关闭警报显示功能。

第③组：开启提醒但不显示警报，而显示酒精危害。

该应用程序在男性喝4杯酒、女性喝3杯酒后会显示警报。实验表明，第①组控制饮酒的效果最好，第③组也有一定效果。

而读到这里，读者也就了解到了酒精的危害，本身就有一定的控制饮酒的效果。下次想喝酒的时候，我们不妨再把这本书拿出来看看吧！

喝酒前先喝水

还有一种饮酒量控制方法更加科学有效。那就是喝酒前先咕嘟咕嘟喝一大杯水。确实，水喝得多，肚子容量又有限，饮酒量自然就减少了。

一项关于喝水和饮酒的研究

海德堡大学的库普曼（A. Koopmann）等人进行了一项研究，将23名患有酒精依赖症的男性分为以下两组。

第①组：10分钟内喝完1000毫升水。

第②组：不喝水。

实验显示，在接下来的120分钟内，第①组男性体内的乙酰胆碱含量与第②组相比显著减少，从而导致饮酒欲望降低、饮酒量减少。

在意酒量的人，请一定要试试这种简单易行的方法。

26 沉迷网络游戏

为防止未成年人沉迷网络游戏，2021年8月30日，中国发布新规，规定所有网络游戏企业仅可在周五、周六、周日和法定节假日每日20时至21时向未成年人提供1小时服务。也就是说，未成年人每周只能玩3个小时的网络游戏。同年9月2日，京东发布游戏禁售公告，名单中便包含日本任天堂公司的《动物森友会》等游戏，此举在日本引起了较大反响。

希望大家都能够自律一些，不要因为沉迷于游戏而荒废了学业和工作，最后只剩下悔恨。

观察点 1 › 沉迷游戏会导致成绩下降

我们首先要明确的是，玩游戏时间不宜过长。

受日本文部科学省的委托，日本静冈大学的村山等人开展了一项关于阅读习惯与学习能力之间关系的研究。他们共组织了1 144 548名小学生和1 072 481名中学生参与"2009年度全国学习能力·学习状况调查"。调查结果显示，阅读对提高学习能力是有一定效果的。

虽然有读书习惯的学生学习成绩更好，但从调查数据来看，并不是读书时间越长成绩就越好。

其中的道理也很简单。因为光读书的话，就没有学习的时间了。

读书时间过长会导致成绩下降，并不是因为读书本身不好，问题在于时长。虽然读书能提高学习成绩，但时间过长的话也属于沉迷，这才是影响成绩的主要原因。

就算你阅读的是与提高学习能力有关的书，时间长了也会影响成绩。痴迷读书尚且如此，可想而知，沉迷游戏会对学习造成多大的影响。

观察点 2 > 短时间游戏对成绩有无影响？

有的人，尤其是对游戏持否定态度的人可能会想：读书本身确实不会降低学习能力，但游戏可不一样啊？

但其实，游戏带来的，也许不全是负面影响。我们可以参考一下这项调查的结果。

一项关于游戏和成绩的调查

日本庆应义塾大学的田中辰雄以15 000人为对象进行的一项调查结果显示，这些人每天玩游戏的时间平均为1小时，其中玩游戏不足1小时的人，其升学成绩更好。国外也有很多类似的研究成果。

为什么短时间游戏不会对学习产生不良影响？本书认为可能有以下几个原因。

其一，一直埋头学习会导致效率变低，但休息一会，打打游戏，转换一下心情，会让大脑重新恢复活力。

其二，很多人在每天睡觉前会玩玩游戏，来犒赏一下忙碌了一天的自己。不知不觉中，这种习惯就让游戏成为一种奖励机制。

其三，我们暂且不论玩游戏是否能像读书一样提高学习成绩，至少先不要否定游戏。

有的游戏能像电影一样让人沉浸在感人故事中，而有的游戏虽故事性较弱却能让人活跃手指、刺激大脑。很多研究结果表明，益智游戏可以刺激手指、眼睛和大脑，防止大脑衰退。

读书也好，游戏也好，凡事过度就会适得其反，仅此而已。就因为游戏受众广、玩家多、很多人为之着迷，就全盘否定游戏，本书认为这同样是不可取的。

自我调控方法 1

把时间多留些给家人

因为怕孩子沉迷游戏而荒废学业，很多父母没收了孩子的手机或游戏机。本书认为这样做似乎有些太极端了。也许对于有些孩子来说，被夺走了最喜爱的东西的同时，也失去了学习的动力。在此，本书介绍一个另辟蹊径成功减少游戏时间的案例。

一项关于控制游戏时间的研究

韩国中央大学的一项研究表明，如果增加和家人交流的时间，游戏依赖症便会得到改善。在实验过程中，实验对象和家人一起度过了三周的时间。三周后，他们花费在游戏上的时间明显地减少。

在大脑中，负责感受爱意的部位和负责感受游戏满足感的部位是差不多的。因此，我们可以这样认为：当我们和家人待在一起时，便满足了大脑想玩游戏的欲望。

该实验是在家人的协助下完成的。从实验原理上看，如果我们主动和家人互动，也能获得同样的效果。因此，**如果不想玩游戏，那就尽量多和家人交流。**

我们可以坐在一起聊聊今天发生的一些事情，一起做家务，或者一起出去走走。当然，也可以请家人帮助我们控制游戏时间。

自我调控方法 2 制定规则 规范游戏时间

要想适当地缩短自己玩游戏的时间，可以试试本书第12小节《失误多到自我嫌弃》（第48页）中介绍过的"if-then planning"（情景规划）法。

比如，我们可以规定"不管玩得有多开心，都不要超过半夜1点""做完一项作业，只玩30分钟游戏"，等等。只需要注意，将"then"的时间设置得短一些即可。

如果能制定出适合自己的规则并加以实践，那么游戏就不会成为毒药，而会成为人生的乐趣。

3 章

身体上的倦怠

27 运动量减少了，食量却没有变少！

忙于生活、忙于工作、懒于运动，导致身材走样、越来越胖，这恐怕是很多人的烦恼。尤其是新冠疫情暴发以来，人们基本足不出户，运动量也因此而骤减。

说个最简单的道理，我们摄取与消耗的热量差决定了我们的体重。如果运动量减少，食量却保持不变，我们就会发胖。既然短时间内运动量无法提升，那么我们该如何去控制食欲呢？

观察点 1 〉 工作和生活越忙，运动量越少

日本厚生劳动省于2019年公布的《日本国民健康营养调查报告》中，介绍了日本各年龄段的运动习惯情况，详情如下图所示。

该报告中将每周运动2次以上、每次30分钟以上且持续1年以上的情况称之为有运动习惯。对比20~29岁、30~39岁、40~49岁的图示可知，年龄越大，保持运动习惯的人越少。

确实，年龄在20~50岁的人，平时都忙于工作、家务或养育孩子，没有时间也没有精力去坚持运动。而50岁以后的运动人群显著增多，本书推测是因为50岁以后，人们的时间相对充足起来，加之上了年纪的人往往会更注意健康。

此外，不同年龄段运动天数的情况也呈现出与运动习惯相近的趋势。如下图所示，"不运动"的人群，在20~29岁占52.7%，在30~39岁占58.9%，在40~49岁占60.3%，在50~59岁占56.0%，在60~69岁占47.7%，这也从另一个方面证明了上述推测的正确性。

各年龄段运动习惯对比图

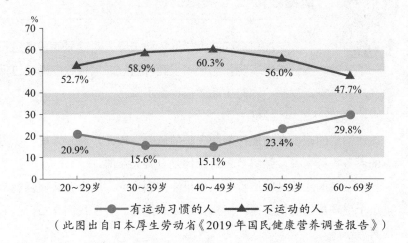

| | | 20~29岁 | 30~39岁 | 40~49岁 | 50~59岁 | 60~69岁 |

不运动的人：52.7%　58.9%　60.3%　56.0%　47.7%

有运动习惯的人：20.9%　15.6%　15.1%　23.4%　29.8%

—●— 有运动习惯的人　　—▲— 不运动的人

（此图出自日本厚生劳动省《2019年国民健康营养调查报告》）

观察点 2 › 新冠疫情导致人们运动量减少而体重增加

　　《第11次生活设计调查》是日本第一生命经济研究所对全国约20 000名年龄在18~79周岁的男女进行的一项问卷调查。调查结果显示，新冠疫情暴发后，全国有24%的人"停止或中断"运动，也有13%的人"重新开始"运动。综合看来，居民的运动量还是在趋于减少。

　　有些人原本就没有运动的习惯，走路上下班可能是他们日常生活中唯一的运动。新冠疫情暴发之后，政府呼吁居民远程办公，因此这类人群本就少得可怜的运动量便几乎趋于零。

　　此外，2021年8月，日本明治安田生命保险公司以新冠疫情后期的国民健康状态为主题，以全国5640名年龄在20~70岁的男女为对象进行了一项问卷调查。调查结果显示，有25%的人体重增加了。尽管上述人群不一定都是因为新冠疫情才发胖的，但这一结果还是比较惊人的。

　　即便如此，**本书也不建议人们为了控制体重而不吃饭**。空腹时，大脑分泌的血清素就会减少，血糖值也会降低。而血清素与后叶催产素一样，被称为"幸福荷尔蒙"。血清素减少、血糖值降低后，人会容易感到烦躁。

血糖值降低与焦虑的研究

　　芝加哥洛约拉大学的彭科夫等人对糖尿病患者进行过一项实验。实验结果表明，当患者没有控制好血糖导致血糖值过低时会感到不安、愤怒，同时生活质量也会下降。

　　而血清素的减少会增加抑郁和失眠的风险。因此，对于本就"压力山大"的商务人群来说，强制节食对身体是有害无益的。

　　我们要做的应该是降低食欲。如果能抑制食欲，就没有必要强制节食了。这个道理虽然通俗易懂，但执行起来却很难。这里我们介绍一些简单的应对方法。

自我调控方法 1　拍打额头

　　下面介绍纽约市圣路加医院的威尔（R. Weil）等人在控制食欲方面的研究。

一项关于控制食欲的研究

　　研究者让有肥胖倾向的实验对象进行了以下四个动作。

①用手指轻敲自己的额头30秒×4次。

②用手指轻敲耳朵30秒×4次。

③脚尖轻拍地板30秒×4次。

④凝视空白墙30秒×4次。

　　结果发现，上述4种动作都有抑制食欲的效果。特别是第①项的"敲额头"动作，能让人的食欲减退1/3甚至一半。

这么简单的动作就能抑制食欲，我们没有理由不去试一试。**而之所以上述行为都有抑制效果，是因为大脑将注意力集中到这些行为上，从而忽视了对食物的渴望。**

拍打额头之所以最有效，是因为它是在不伤害细胞和皮肤的情况下对自己的大脑和身体刺激最大的动作。

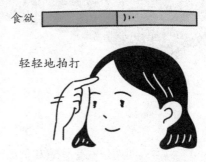

食欲

轻轻地拍打

顺便说一下，习惯了一天吃一顿饭的人，白天是不会感觉到特别饥饿的。估计也是因为白天专心工作，被其他的事情占据了头脑，因此感觉不到饥饿吧！因此，我们不妨找一个能专心投入的兴趣爱好，也许会让你更容易忘记饥饿。

自我调控
方法 **2**　　**快走 20 分钟**

简单来说，最好的应对方式就是增加运动量。本书阅读到这里，读者也应该明白运动的重要性了。

如果能借此机会养成运动的习惯，其实很多问题都可以迎刃而解。

一项关于控制食欲的研究

　　格拉斯哥大学的佐夫利欧等人以10名肥胖女性为对象进行了一项实验，结果发现20分钟快走能抑制食欲。

运动不仅不会让人因为肚子饿而暴饮暴食，还能抑制食欲。这项研究结果，加强了我们对于运动有益于身体健康的信念。

如果你想控制食欲和体重，请谨记：管住嘴，迈开腿。

28 戒不掉的垃圾食品

很多人明明很在意体重和健康，却怎么也戒不掉"垃圾食品"。经常能听到有人说："我知道吃这个不好，但就是停不下来！"有的时候，我们也确实抵御不了垃圾食品的诱惑。

本小节就介绍一些方法，让我们能游刃有余地应对诱惑。

观察点 1 ▷ 油脂和糖分最美味

事实上，麦当劳等快餐、薯片巧克力等点心，都不一定是对健康有益的食物，但它们芳香四溢，让人总是控制不住自己。

日本麦当劳于2021年2月9日公布了2020年度的决算报告。报告显示，该公司营业额为28 833 200万日元，比上年同期增长了2.3%；营业利润为3 129 000万日元，比上年同期增长了11.7%，业绩十分优秀。

油脂和糖分含量高的食物都很好吃。越是对身体不好的东西就越有魅力。

从进化心理学的角度来看，这些食物比蔬菜更难获取，以前是没法经常吃到的。**但随着时代的进步和文明的发展，现在想要吃到这些美食是件轻而易举的事情。**既好吃，又好获取，因此不知不觉就会吃多。

当然，油脂和糖分也是人体必需的营养素。但即使坚持吃粗粮，也能摄取到日常生活所需。那些美食虽然美味，但摄取太多会导致发胖。

观察点 2 > 非常时期更需要保持常态？

新冠疫情使得有机食品和健康食品的销量剧增，同时饼干等盐分含量高的零食销量也在上涨。

一边是健康食品，一边是垃圾食品，为何两种截然不同的食品销量会同时上涨呢？爱荷华大学的伽罗尼（C. Galoni）等人在美国法学杂志《哈佛法律评论》（*Harvard Law Review*）上发表的一项研究成果认为，这种现象并不矛盾。

一项关于消费者在威胁下的选择的研究

伽罗尼等人认为，人们在面对不安和厌恶等情绪时，会习惯于将目光转向熟悉的事物。正因为人们处在新冠疫情这种非正常时期，所以才会更渴望恢复到过去的生活状态，才会不自觉地做出跟平时一样的选择。

也就是说，即使心里想减少垃圾食品的摄入量，但那些总是吃垃圾食品的人还是会去购买垃圾食品。

自我调控方法 1 嚼口香糖

我们之所以会想吃卡路里满满的汉堡包、油脂淋漓的鸡肉、糖分满满的点心，都是食欲在作祟。

虽然也有肚子不饿但大脑需要糖分的情况，但基本上如果能控制住

"始作俑者"——食欲的话，从某种程度上来说，还是能够抵御住垃圾食品的诱惑的。

因此，控制食欲最重要。我们首先可以试试嚼口香糖，这也是有一定科学依据的。

一项关于控制食欲的研究

路易斯安那州立大学的盖泽尔曼（P. J. Geiselman）等人的研究表明，每3小时嚼15分钟的口香糖可以抑制食欲。

这种方法不仅能消除饥饿，还能提高专注力。而且，如果嘴里已经有了口香糖，就不会再吃别的东西了。

另外，在上一小节《运动量减少了，食量却没有变化》（第116页）中介绍的拍打额头等方式，也能有效抑制食欲。

自我调控方法 2 记录饮食

本书第25小节《戒不掉的酒》（第107页）中介绍过一项研究，可以采用记录的方式来控制饮酒量。结果表明，这种方法对控制食欲也有同样的效果。

一项关于饮食记录的研究

黎巴嫩美国大学的多米特（R. Doumit）等人曾做过一项研究，调查用智能手机拍照的方式记录食物对饮食的影响。

研究者拍下每顿饭的照片，并用某应用程序记录保存下来。三天后，研究人员发现，与肉的摄入量相比，每天的蔬菜摄入量增加了。相比采用文字记录的方式，这种方法能少量地降低卡路里摄取量。

因此，如果在这种方法的基础上，叠加使用第25节中提过的"饮酒过量警报提示"法，在这个应用程序中设置"垃圾食品会致人发胖"等提示警报，应该会更有效果。

此外，**面向不特定的群体分享美食照片的行为，也可以刺激自我意识，激发自控能力。**

自我调控方法 3 保证充足的睡眠

加利福尼亚大学洛杉矶分校的莫蒂瓦拉（S. J. Motivala）等人的研究表明，如果存在睡眠不足现象，就会想要吃垃圾食品。

一项关于睡眠和饮食的研究

睡眠不足会打破饥饿素和瘦素之间的平衡关系。饥饿素是促进生长激素分泌、增进食欲的，而瘦素则是抑制食欲的。因此，睡眠不足时，身体会产生想吃不健康食品的冲动。

正如观察点1中所介绍的那样，我们现在所说的不健康食品，在过去都属于富含油脂和糖分的营养食物。摄入这些食品能快速地让身体获取脂肪和糖分，因此容易勾起人们的食欲。

自我调控方法 4 闻饼干

南佛罗里达大学的比斯沃斯和路易斯安那州立大学的佐克斯的一项研究，也有助于抑制人们对垃圾食品的渴望。

一项关于如何选择健康饮食的研究

该研究表明，闻饼干等食品两分钟，你就会选择更健康的食物。这是因为闻食物香味会让我们的大脑产生满足感。

就像本书多次强调的那样，越是不健康的食物，人们越容易贪吃。当对不健康食物的欲望被香味满足之后，就会产生想吃健康食物的渴望。

晚上爱失眠

睡不着的时候，一味地焦虑、强迫自己早点睡觉都是没有用的，那样只会让自己更难入睡。

想要入睡，兴奋的交感神经必须停止工作，转由副交感神经来主控，这样大脑才会放松下来。但越下达"快睡觉"的指令，交感神经就越是活跃，人就越睡不着。我们需要通过一些其他的办法来进行调控。

观察点 1 ▶ 约七成的日本人不满意自己的睡眠状态

也许，很多人有过想睡却睡不着的经历吧！

睡眠障碍是一个较为严重的问题，2019年公布的《日本国民健康营养调查报告》显示，有"睡眠时间不足"现象的受访者占受访总数的18.6%，"对睡眠整体质量不满意"的占21.8%，"白天感到困倦"的占34.8%，没有类似现象的人占30.9%。也就是说，日本人中有70%的人对自己的睡眠状态不满意。

观察点 2 ▶ 蓝光是睡眠的大敌

既然睡不着那就看会手机吧！相信很多人是这么想的吧？为了排解睡不着觉的焦虑，人们都喜欢在社交网络上打发时间。

本书在第15小节《休息日里玩了一整天的社交软件》（第60页）中提到过，电脑和手机屏幕发出的蓝光是睡眠的大敌。

蓝光是太阳光中的一种强光，它能够抑制褪黑素的分泌。而褪黑素被称之为"睡眠荷尔蒙"，因此在褪黑素不活跃的白天，人们就可以保持清醒。

但是，人类的大脑又很单纯，只要受到了蓝光的照射，无论白天晚上，都会抑制褪黑素的分泌。结果，明明是该睡觉的时间段，大脑却误以为是在晒日光浴，因此整个人便像在白天一样清醒。

因此，无论看什么，只要是在玩手机，就会受蓝光的影响，因此而难以入睡。

自我调控方法 1 怀有一颗感恩之心

曼彻斯特大学的沃德（A. F. Ward）等人以401名年龄在18~68岁的男女为对象，进行了一项关于感恩、睡眠以及性格之间关系的调查。

一项关于睡眠与感恩的研究

研究人员让实验对象简单回顾自己的人生后，针对下列问题进行选择。

- **要感谢很多人。**
- **人生中有很多值得感谢的事情。**
- **人生中没有什么值得感谢的事情。**

每个问题都设置了7个选项，程度从"非常赞同"到"完全不赞同"不等。同时，研究人员也对实验对象的睡眠质量、睡眠时长、入睡所需时长、睡眠深度、白天的精神状态等进行了调查，对比了睡眠与感恩之间的关系。

调查结果表明，越是怀有感恩之心的人，其在睡眠质量、睡眠深度、入睡所需时长等方面的表现越好。

为了调查感恩、睡眠与性格之间的关联，该调查还对调查对象的性格进行了分析，但没有发现关联性。**也就是说，不管是什么样的性格，只要怀有一颗感恩的心，就能获得高质量睡眠。**

自我调控方法 **2**

10分钟伸展运动

伸展运动是再简单不过的运动方式了，任何时间、任何地点、任何人都能简单地完成。科学也证实，伸展运动有助于提高睡眠质量。

一项有关睡眠与伸展运动之间关系的研究

日本明治安田福利事业团体力量医学研究所柳泽弘树等人曾做过一项研究。他们邀请实验对象进行10分钟的低强度伸展运动后发现，运动后副交感神经占据主导位置，整个人呈现放松状态。而观察点1中也曾提到，要想轻松入睡，需要副交感神经占据主导位置。

这说明伸展运动确实提高了睡眠质量。

这种运动比慢跑更容易操作，请一定要尝试一下。

30 早上怎么也起不来

有的人的烦恼不是失眠，而是早上起不来。

醒倒是能醒，但翻个身又睡了，迟迟不能爬出被窝。我们要怎么做才能避免起床拖延症呢？

观察点 1 › 压力大会影响起床

很多人都不喜欢早上，这本身并不是什么坏事。**因为人类这种生物注定起床后就要面临各种压力。**

我们可以想象一下骑自行车时的场景。

当自行车停下时，我们需要使出较大的力气，才能让自行车再次向前行驶。我们的身体也是一样，要想从不活动的睡眠状态过渡到充满活力的睡醒状态，需要一种能量源。这种能量源就是"压力"。

人类在刚睡醒时，会给自己施加压力，使得血压和血糖值升高，为苏醒后的身体活动做准备。而当压力较大时，为了抑制压力，人体又会分泌一种叫作皮质醇的激素。压力越大，分泌的皮质醇越多。

总而言之，刚睡醒时感到压力是很正常的事情。

观察点 2 › 睡回笼觉不是坏事

既然起不来，那就干脆睡个回笼觉吧！因为睡回笼觉的时候，抑制压力的皮质醇的分泌量会进一步增加。

而皮质醇含量越高，起床后的心情就会越平静，这一天就越容易过得舒适。

很多人觉得睡回笼觉是件美事，其实这也是有科学根据的。因为睡回笼觉时，人体会分泌一种叫内啡肽的脑内麻醉素。因此，为了让这一天的心情能保持平静、放松的状态，本书建议大家积极地去睡回笼觉。

自我调控方法 1 从一开始就把"回笼觉"列入日程

有人觉得赖床不是什么好习惯，代表着这个人不会进行时间管理。但本书认为这并不是什么坏事。

如果赖床之后你会因为没有达到时间管理的心理预期而情绪低落的话，不如从根本上改变时间安排，计划出"睡回笼觉"的时间。

另外，每个人的睡眠周期都有差异，深度睡眠（即非快速眼动睡眠）和浅度睡眠（快速眼动睡眠）之间的循环大约是90分钟。**在快速眼动睡眠周期内醒来的话，起床会比较容易。所以，我们应该以90分钟为单位来计划睡眠时间。**

例如，如果平时7点半起床才来得及赶到公司的话，不妨先定一个6点的闹钟，然后在90分钟之后的7点半再定一个闹钟，如此一来，7点半即将起床时便正好处于快速眼动睡眠阶段，起床就变得容易了。

如果你真正地意识到这种安排能让自己既满足了睡懒觉的想法，又能提高工作效率的话，你将会变得积极而快乐。

自我调控方法 2 起床前回想积极的事情

因为从睡眠状态到起床状态需要能量，所以我们醒来时会感受到压力，而压力过高时体内又会产生抑制压力的皮质醇。

我们开车时都会尽量采用省油的方式吧？其实启动身体各项机能也是同样的道理，能在压力较小的状态下醒来是最舒服的了。

剑桥大学的阿斯科伦多（A. J. Askelund）等人的研究便为我们提供了一种在压力较小的状态下醒来的方法。

一项关于起床的研究

研究人员让427名实验对象分别回忆一些消极记忆和积极记忆，并在1分钟后调查他们的反应。结果表明，只要回想积极的记忆，皮质醇的分泌就会减少，压力和自我否定的感觉也会减轻。

从这个结果来看，醒来时回忆一些开心的、积极的事情就能抑制起床压力，何乐而不为呢？压力减少后，起床也就不是什么难事了。

31 贪吃

对于从事脑力工作的人来说，思考是每天必须要做的事情，由此而消耗了大量的糖分。所以，脑力劳动的人经常会吃点巧克力之类糖分含量高的零食。

尽管有时也会后悔，明明不需要那么多糖分，吃那么多零食干什么呢！那么，伸向点心的手为什么停不下来呢？怎样才能阻止这只手呢？

观察点 1 > 糖分很容易摄取过量

本书在第28小节《戒不掉的垃圾食品》（第121页）中指出，食物中的油脂越多、含糖量越高，越会让人欲罢不能。在日常生活中，我们天天都在与美食诱惑作斗争、与脂肪和糖分作斗争，但大部分时候的结果都是失败的。

日本《2019年国民健康营养调查报告》显示，日本糖尿病前期患者约有2000万人。也就是说，**几乎每6个日本人中就有1人患有糖尿病或者有糖尿病前期症状，如下图所示**。因此无形中摄入过量糖分，已经是一个再平常不过的现象了。

| 日本糖尿病患者的比例

1/6 ！

（该图出自日本厚生劳动省 2019 年《日本国民健康营养调查报告》）

巧克力可以说是零食的代表，也有很多科学家在研究它的健康效果。

总的来说，巧克力中含有的可可多酚对健康是有益处的。日本著名的巧克力制造商明治公司与日本爱知学院大学一起，在爱知县蒲郡市进行了一项校政企联合研究。

一项关于巧克力健康效果的研究

研究人员让347名年龄在45~69岁的实验对象每天摄取5克×5片（热量约为150千卡）可可含量为72%的巧克力，持续4周。最后的实验结果显示，这些实验对象血压下降了，精神和肉体都变得更加活跃。而且，实验对象的体重和BMI却并未出现较大变化。

但是，5块巧克力的量，对于我们平时的零食来说，是不是太少了呢？而且，即使可可多酚对健康有益，但如果我们平时吃的巧克力量超过了该实验要求的量，就有可能导致糖分超标。

例如，一片50克左右的牛奶巧克力平均热量为283千卡，而其中的可可多酚含量约为343毫克。与实验中的5块含有72%可可的巧克力相比，1块牛奶巧克力的热量几乎是实验巧克力的两倍，而可可多酚的热量大约是实验巧克力的一半。

数据摆在面前，很多人都知道还是少吃为妙，但重要的是要真正地管住嘴。

自我调控方法 **1**

玩俄罗斯方块 3 分钟

要想控制食欲，除了本书第27小节中提到过的拍打额头法之外，还有一些其他的办法，比如玩益智游戏"俄罗斯方块"。

一项关于防止暴饮暴食的研究

　　　　普利茅斯大学的布劳恩等人的一项研究表明，玩3分钟左右的俄罗斯方块，会降低人们的食欲、性欲和睡眠欲。

喂

你不想吃我吗？

巧克力

薯片

　　当我们感觉到饥饿时，可以试试做点什么来转移大脑的注意力。

　　从这个道理来看，任何一种游戏都有转移注意力的效果。但最好的还是俄罗斯方块，因为它时间短，也不需要太动脑筋。

　　玩角色扮演之类的烧脑游戏时，由于注意力高度集中，大脑很快便会感到疲劳，而本来想依靠转移注意力来降低食欲的方法也就无法奏效了。

　　平时爱吃零食的人，不妨玩个三五分钟的俄罗斯方块，达到一边放松大脑一边休息的效果。

　　如果玩了俄罗斯方块之类的游戏也无法管住嘴的话，可以少量地吃一些观察点2中介绍过的巧克力（注意可可含量），在满足欲望的同时，对健康也有积极影响。

32 懒得保养皮肤

　　人们都知道日常护肤的重要性，但仍然有很多人懒得去做，最后又会因皮肤状态不好而自我嫌弃。

　　护肤和化妆，既是一种为了给周围人一个积极面貌的社会行为，也是一种愉悦自己的自我行为。香奈尔有一句名言："我们可以容忍丑陋，但绝对不能容忍邋遢。"所以，仪表更需要我们用心去整理。

观察点 1 > 人们的护肤意识在逐步提高

　　著名的日本美容信息网站"@cosme"经营商istyle公司曾于2020年5月和2020年10月对年龄在15~69岁的@cosme女性认证会员进行了一项以"美容与生活方式"为主题的问卷调查。调查结果显示，近年来人们对皮肤护理的意识有所提高（调查数据仅限于女性），如下图所示。

　▎新冠疫情蔓延后的女性护肤情况变化图

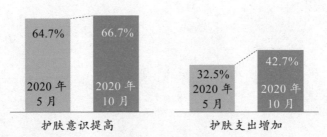

（该图出自日本 istyle 旗下官网 @cosme 所进行的《美容与生活方式问卷调查》）

针对"护肤意识"这一问题，选择"大幅度增加"或"有所增加"的人，在2020年5月时占64.7%，到了10月便上升为66.7%。而针对"护肤支出"这一问题，选择"大幅度增加"或"有所增加"的人，在2020年5月时为32.5%，到了10月便上升为42.7%，增长幅度较大（参见第135页的图）。

新冠疫情蔓延以来，人们居家的时间多了，自然也有更多的时间来进行皮肤护理了。此外，很多人因为戴口罩而引发了一些皮肤问题，也是促成人们护肤意识增强的一个主要原因。

观察点 2 > 男性的护肤意识也有所增强

日本市场调查公司Intage对日本52 500名年龄在15~79岁的男女进行了一项持续性调查，同时对调查数据进行了分析。该调查报告称，受新冠疫情影响，预计2020年日本化妆品市场将呈现明显下降趋势，预计与上一年度同期相比减少89%。

但在如此背景下，男性化妆品市场却显示出增长趋势，与上一年度相比增长了104%。而从2016年来算，5年间男性化妆品市场增长了111%。

Intage公司分析认为，随着网络会议越来越普遍，人们出现在会议屏幕中的机会也随之增加。这应该是男性开始对皮肤护理感兴趣的主要原因。

自我调控方法 1 想象糟糕的未来 强迫自己面对现实

如果有人告诉你，良好的外表能给收入带来巨大变化，那么一直懒于皮肤护理的你，是否有了努力的动力呢？

一项关于外表和收入之间关系的研究

得克萨斯大学奥斯汀分校的汉默梅希（D. Hamermesh）指出，在大多数国家，会打扮的人比不会打扮的人挣的钱更多。

人的外貌可能与天生的长相有关，但仪表却可以通过后天的努力来改变。平时增强护肤或化妆意识、注意仪态仪表等，都能给人留下较好的印象。

想象一下，因为你的一时懒惰而导致收入减少，这种糟糕的未来真的是你要的吗？想到这里，应该很多人会萌生努力护肤的意识吧！

自我调控方法 2　想象充满自信的未来生活

如果充分地了解了护肤能够为我们带来的好处，就能产生积极护肤的动力，这同时也是一种科学有效的自律手段。

一项关于指甲护理的研究

日本京都大学的平松隆丹调查了男性涂指甲油后的感情变化。结果显示，仅靠涂指甲油，就能减少人们"杂乱"的心绪。

为什么涂个指甲油就能产生这样的效果呢？

在日常生活中，拿取物品、洗手、使用电脑时，手和手指经常会出现在我们的视野中。而当我们的手或指甲变得美观时，每次看到都会提升自我肯定感，大脑也会觉得安心，内心也会趋于平静。

而且，有研究结果表明，经常观察自己，可以收获意想不到的效果。

一项观察自己与工作干劲之间关系的研究

日本大阪大学的太田（C. Ota）和中野（T. Nakano）等人的一项研究发现，多照镜子观察自己，大脑奖励系统会趋于活跃。

本书中也多次提到，大脑奖励系统是一套与幸福感、心情舒畅有关的大脑工作体系。大脑奖励系统被激活后，就会产生心情愉悦的感觉，也会产生继续加油的想法，因此会让人更有干劲。

看到涂了指甲油的漂亮指甲，我们的内心就会平静下来。同理，为了让自己在照镜子后激发出干劲，最好能在照镜子之前将自己调整至最佳状态。

在镜子中看到精心打扮之后的自己，一般会产生自我肯定的感觉，自然也就会产生对工作、对生活、对恋爱的动力。

想象一下那个充满自信的未来吧！为了这个美好的目标，我们一定要坚持保养。

33 不坚持抗衰护理

随着年龄的增长，我们所获取的有形资产及知识、经验等无形资产也会随之增加，各个方面都会比年轻时更富有。即使上了年纪，也可以自豪地跟年轻人在各方面比上一比。但唯独在体力和细胞活力方面，年纪越大越没有优势。

想保持年轻外表的人，平时都应该很注意抗衰护理吧！就好像人人都想多挣点钱一样，我们每个人都希望自己能保持较为年轻的状态。但最终能否达成这个愿望，最重要的是看我们能否付诸行动。

观察点 1 > 改善皱纹的化妆品销路畅通

本书在《懒得保养皮肤》一节（第135页）中提到过，由于新冠疫情的影响，尽管人们对皮肤保养的意识有所提高，但在居家办公成为主流工作方式之后，大多数人的化妆次数减少了许多。

2020年3月，日本花王公司针对远程办公女性进行了一项问卷调查，在"居家办公时是否化妆"这一问题上，选择"和在单位工作时差不多"的人约为四成左右，剩下的人选择的是"比在单位工作时少一些""比在单位工作时少很多"和"完全不化妆"，如右图所示。

在家工作的时候化妆了吗？

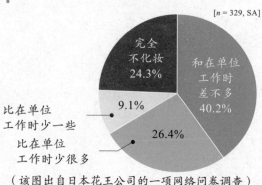

[n = 329, SA]

完全
不化妆
24.3%

和在单位
工作时
差不多
40.2%

9.1%
比在单位
工作时少一些

26.4%
比在单位
工作时少很多

（该图出自日本花王公司的一项网络问卷调查）

在此背景下，2020年，日本化妆品市场销售额持续下跌，但唯独改善皱纹类化妆品的销量走势却依然坚挺。人们的抗衰老意识也随着化妆品行业的技术进步而逐年提高。

观察点 2 > **抗衰老 抗的不仅仅是皮肤和眼睛**

即使好好护肤了，也不一定能对抗衰老。

想要抗衰，最重要的是"保持活力"。**要点是能否像年轻时那样保持元气满满的状态，精神饱满地生活。如果能做到这一点，整个人的外形也会好起来。**

有些人虽然很注意护肤，表面上看皮肤状态也很好，但是身体却总生病。脸上的皮肤再年轻，但如果精神状态不够好，还不能说是真正意义上的"年轻"。所谓"抗衰老"，最理想的状态是身心皆健康。

自我调控方法 1 | 意识到肠道健康的重要性

那么，要想从本质上去抗衰，最重要的是什么呢？

答案就是"保持肠道健康"。对于皮肤状态而言，肠道与否很重要。当然，它对于整个身体的重要性也无须多言。人体80%的免疫细胞都集中在肠道内，而且被称为"幸福荷尔蒙"的血清素，也有80%是在肠道内产生的。

血清素是脑内的神经递质之一。自从发现血清素产生于肠道内之后，科学家就**将肠道称为"第二大脑"。这一发现在医学、美容、脑科学等各个领域都引发了极大的关注。**

而要想保持肠道健康，最需要注意的就是日常饮食。平时要多吃发酵食品或富含低聚糖和食物纤维的食材，调整肠内环境。发酵食品中，本书推荐含有双歧杆菌和乳酸菌的酸奶、乳酸菌饮料、纳豆等。另外，富含水溶性食物纤维的蘑菇类，或是滑溜溜的海藻类食品也很不错。

如果你实在无法坚持护肤、保持肠道健康等抗衰方式，本书可以推荐另一个超级简单的动作——空气椅子训练。这个动作简单易学，任何人都能做。

多做空气椅子训练或深蹲运动，可以增加大腿等下半身肌肉的负荷，此时肌肉会分泌出多种荷尔蒙，而这些荷尔蒙则被统称为"肌肉激素"。科学家认为，这种"肌肉激素"有抗衰老的效果。

肌肉激素内包括能燃烧脂肪、分解脂肪、预防糖尿病的鸢尾素和白介素-6（IL-6），以及能有效降低大肠癌风险的富含半胱氨酸的酸性蛋白（SPARC）等荷尔蒙因子，对于抗衰和保持健康有着显著的效果。近年来，科学界关于肌肉激素的研究也取得了一些进展。

其中最引人注目的，便是鸢尾素。

鸢尾素原本就有帮助脂肪燃烧的作用，而最新的研究表明，它还能激活海马体，增强大脑记忆能力。

研究发现，当鸢尾素随着血流到达大脑时，会促进海马体中脑源性神经营养因子（BDNF）的分泌。而BDNF对增强大脑神经细胞活性起着重要的作用。有报告称，BDNF能提高记忆和认知功能。因此，科学家认为，鸢尾素能预防阿尔茨海默病和抑郁症。

荷尔蒙
肌肉激素

预防大肠癌
预防肥胖
富含半胱氨酸的酸性蛋白
鸢尾素
预防肥胖和
白介素-6
阿尔茨海默病
鸢尾素

简简单单地做个空气椅子训练，就能将最新的抗衰老护理方式融入日常生活，你还有什么理由不做呢！其实做法很简单。**选择一面墙，想象靠墙处有一把看不见的椅子，慢慢背靠墙壁坐下，保持这个姿势30秒。**然后慢慢站起来休息30秒，然后再做30秒，一次做3~6组即可。

　　这样做能增强肌肉力量、减少脂肪，让我们精神饱满。

　　人们都知道"运动有益健康"这个简单的概念，但通过本小节对肌肉激素的介绍，读者们应该明白，其实运动有益于健康的真正原因是比较复杂的，也是比较多样的。

加油！
肌肉激素

34 经常驼背

　　智能手机和电脑已经成为我们生活中不可或缺的一部分，而在使用这些数码设备的过程中，我们不自觉地就会变成弯腰弓背的姿势。

　　在日常生活中，应该很多人会一不留神就驼背了吧。而驼背对人的身体和心理都存在负面影响，一定要通过自我调控来改变。

观察点 1 > 驼背有百害而无一利

　　姿势不良会导致脊柱弯曲，形成所谓的"驼背"状态。但驼背的危害不仅仅在于体态上的不美观，它对健康也有明显的负面影响。长期驼背会造成肩酸、脖子酸痛、腰痛，与自然状态的脊柱相比，驼背状态会压迫神经，导致内脏功能恶化。

　　另外，近年来，很多人出现了"手机脖""富贵包"现象。这种体态的人，其脊柱没有弯曲，只有脖子向前凸出，而这同样也是肩膀酸痛的原因之一。此外，脖子向前凸出还会影响神经，导致精神状态变差。姿势不好，说实话有百害而无一利。

观察点 2 > 挺直腰背能提高工作效率

　　无论在健康层面还是精神层面，姿势端正都是很有好处的。但问题在于，我们很难一直保持姿势端正。

奥克兰大学的威尔基斯（C. Wilkes）等人针对61名已被诊断为轻度抑郁或中度抑郁患者进行了一项实验。

一项关于驼背和抑郁症的研究

研究人员首先注意到，从体态上看，这61名抑郁症患者都有不同程度的弓腰驼背现象。研究人员将这61名患者分为两组：

第①组：像平常那样坐着。

第②第：挺直腰背地坐着（不可前倾也不可向后弯曲，理疗师会帮弯曲背部的人贴上胶带，使其保持正确的姿势）。

按要求坐好后，研究人员让实验对象进行了5分钟的演讲。之后，为了给实验对象再施加一些压力，研究人员还让他们用心算的方式分别计算"1022-1009""1022-996""1022-996""1022-983""1022-13"等减法算式。

最后的实验结果表明，一直挺直腰背地坐着的第②组看起来较为兴奋一些，畏缩心理有所减少，演讲也较为流利。

对于身心健康的人来说，挺直腰背比弓着背更能振奋精神。但令人没想到的是，挺直腰背对于抑郁症患者也有不小的效果。

遗憾的是，手机和电脑的频繁使用，让我们一不注意就弓腰驼背了。近年来，心理健康问题有逐年上升的趋势，尽管其中有社会、经济等因素的影响，但也许根本原因还是在于"姿势"。

不看手机享受内容

生活中，我们很难做到不用手机，但我们更难做到以正确的姿势使用手机。

如此一来，我们就明白了一个简单而正确的道理，那就是只能把自己置身于"无法使用手机"的环境中。

我们不妨试试这样的物理限制：乘电车时把手机放进包里，拥挤的电车会让我们无法拿出手机；下载带限制功能的应用软件，让我们在一定时间内无法使用手机等。

很多人担心这些应用程序启动后手机便完全不能用了，其实，这种软件多数可以设置成只能听音乐的模式，不是完全不能用。因此，本书建议大家在启用该模式之前，先找一些音乐、电台或者有声书的资源，这样就能达到不用低头看手机的效果，等同于将自己置身于无法使用手机的环境中了。

利用腹肌慢慢呼吸

本小节介绍一些矫正腰背体态的动作，这些动作简单易行，随时随地都能做。该动作的关键就是要调整呼吸。

一项关于改善姿势的研究

韩国建阳大学的姜氏研究人员（J. Kang）等人进行了一项研究。他们要求实验对象无论站着还是坐着时都必须有意识地收紧腹肌、挺直腰背，同时将呼吸调整得缓慢一些。几周的实验之后他们发现，实验对象的体态都得到了改善。

这个动作只涉及呼吸和姿势，不分场合、不分时间都可以实践。站着也能练，坐着也能练。

即使是在外面练习，也不会被周围的人用异样的眼光看待。而且练习起来也就不会看手机了，减少了不良体态发生的次数。

这个动作真是益处良多啊！

35 担心老人味

人类是要去适应环境的。因此，即使这个环境稍稍有些臭，时间长了也就习惯了，感觉不到臭了。

男性到了中老年时会有"老人味"。很多人很担心自己身上散发出异味，但其实不少情况下自己是注意不到的。另外，有时候也不好意思去问别人自己身上有没有味儿。自己能注意到也好，注意不到也好，到底有没有一种方法能帮助我们控制老人味呢？

观察点 1 > 老人味是男女共同的烦恼

说到老人味，很多人会认为这是中老年男性特有的气味，其实这与性别无关。

随着年龄的增长，皮脂中一种叫作棕榈油酸的脂肪酸会增加，过氧化物也会同时增加，与棕榈油酸相结合。二者一旦结合，就会产生一种叫作壬烯醛的物质，这就是造成老人味的原因。

这一结论被发表在资生堂研究中心的土师等人的研究中。壬烯醛这种物质是不分性别的，所以老人味绝不仅限于男性。

年纪大了就会

棕榈油酸＋过氧化物

⬇

老人味的原因 壬烯醛

一说起老人味，为什么大家想到的都是男性呢？

答案很简单，因为老人味可以通过一定程度的护理来抑制。很多女性在日常生活中就在进行异味和皮肤护理，所以臭味就不容易散发出来，或是不容易被人察觉到。

而很少进行皮肤护理的男性，当然容易散发出老人味了。

自我调控方法 1

远离油腻食物　多吃蔬菜

我们应该如何抑制老人味呢？

如前所述，从皮肤中排出的脂肪酸是导致老人味的主要原因。因此，我们吃的食物越油腻，脂肪酸就越多，就越容易产生老人味。

另外，我们吸进的大量氧气中，约有2%会转化成活性氧。这种活性氧能有效地氧化体内其他物质，具有很强的杀菌力，因此也能起到击退细菌和病毒的效果。但是活性氧过多也会导致身体老化。

而且，当体内的活性氧增多时，过氧化物质也会增加，从而造成老人味。所以，平时要尽量多吃一些富含维生素C和维生素E的食物，以抑制活性氧的形成。

维生素 C 多的食物　维生素 E 多的食物

猕猴桃

西蓝花

南瓜

杏仁

西红柿

大豆

"运动→冲澡"的晨间习惯

当我们感受到压力时，活性氧也会增加。也就是说，压力是老人味的根源。

我们在运动时出的汗和紧张时出的汗，成分是不同的，特别是其中的蛋白质含量有很大差异。有压力、感觉紧张的时候，我们出的汗比较黏稠，蛋白质较多，也容易导致老人味。因此，生活中我们应该尽量保持轻松舒适。

另外，**当身体分泌的油脂堵塞毛孔时，油脂会氧化，也会引起老人味。想要毛孔通透，就需要大量出汗。**

我们试试去运动、去泡澡、去蒸桑拿吧！这些活动都可以缓解压力，从上述意义上来看，都是对抗老人味的好方法。

在此，本小节介绍一项关于老人味的研究。

一项关于老人味的研究

东京煤气都市生活研究所的一项研究报告显示，只要早上冲澡1分钟，体臭就会减少，而且其效果会持续到傍晚。

早点起来做运动，出一身汗、冲个澡，然后再开始工作，这样的晨间习惯对于抑制老人味，以及对身体、工作都有很多好处。

36

经常在外就餐容易发胖

随着年龄的增长，我们身体的新陈代谢会变慢，因此很容易发胖。再加上工作聚会、长期出差等场合都是在外就餐，一段时间之后，很多人发现自己胖了，于是苦恼不已。

对于这种情况，我们应该怎么办呢？

观察点 **1** 〉 **在外就餐容易发胖**

有人对"在外就餐是否真的会发胖"持怀疑态度，但事实基本就是如此。

一项关于在外就餐和卡路里的研究

美国癌症协会（American Cancer Society, ACS）的格延和伊利诺州立大学芝加哥分校的鲍威尔以12 000名年龄在20~64岁的人为对象进行了一项调查。如右图所示，调查结果显示，以快餐为主的人平均每天摄取的热量比普通食物多了194.49千卡左右，而以餐厅就餐为主的人每天摄取的热量则比普通食物多了205.21千卡左右。调查结果还显示，在外就餐时，脂肪和糖分的摄取量也增加了。

与普通食物相比，每天多摄入的卡路里量

快餐	餐厅就餐
194.49 千卡	205.21 千卡

有一份研究报告显示了人们在聚餐时的食量和一个人独自吃饭时的食量之间的差异。

一项关于聚餐的研究

英国和澳大利亚的研究人员以120人为对象，联合开展了一项研究。

①和朋友等熟悉的人聚餐。

②和初次见面的人吃饭。

③一个人吃饭。

该研究分析调查了这三种吃饭模式的差异。结果显示，吃得最少的是第③组，其次是第①组，吃得最多的是第②组。

从这个研究中可以看出，和别人一起吃饭时，人们会在不知不觉中多吃一些。这里的"和别人一起吃饭"，也包含了在自己家中和家人一起吃饭的情况，所以并不是一概地说在外面吃饭有多不好。

重点是在外面吃饭，特别是和不太熟的人吃饭时，很有可能不知不觉中就多吃一些。

很多人可能会认为，和一群人一起聚餐时，大家会因为聊天聊得开心而饭量大增。但这项研究告诉我们，即使是和初次见面的人一起吃饭，也会比平时吃得多。

这个现象可以用进化心理学的观点来解释。进化心理学认为，从仅靠狩猎和农耕维持饮食和生活的时代开始，人类的内心世界就没有发生过太大的变化。

在遥远的古代，食物很珍贵，每天吃多少都关系是否能活下去。因此，从进化心理学的角度来看，如果和人围坐在一起吃食物，就会产生"竞争"心理，下意识地就会认为别人吃得太多的话自己就吃得相对少了。因此，在这种心理影响下，即使是和初次见面的人吃饭，食量也会增加。

卡内基梅隆大学的莫尔韦奇（C. K. Morewedge）科研团队发表研究称：仅靠想象就能在一定程度上抑制食欲。

一项关于在聚餐时控制食欲的研究

该实验将51名实验对象分为了以下三组。

第①组：想象"吃3个巧克力豆"和"向自助洗衣房的洗衣机内投入30枚硬币"的场面。

第②组：想象"向自助洗衣房的洗衣机里投入3枚硬币"和"吃30个巧克力豆"的场景。

第③组：只想象"向自助洗衣房的洗衣机里投入33枚硬币"的场景。

之后，给所有实验对象分发装有巧克力的盘子，让他们想吃多少就吃多少。结果发现，第②组吃的巧克力数量最少。

所谓"脑内饮食"，就是自己想象一下自己吃东西时的样子，这个方法非常简单，在工作会餐或私人聚餐前都可以试一试。

既然知道了在外面吃饭容易发胖，而且一群人在一起吃饭容易吃多，那么除了工作会餐和朋友聚会之外，我们还是尽量自己一个人做饭吃吧！和家人住在一起却每天一个人吃饭的话，是会有点不太好。这个就姑且作为发胖后的临时方法来灵活掌握吧！

多人聚餐时易发胖，知道了这点之后，以后再聚餐时就应该多次提醒自己不要吃过量。

此外，**如果实在不想做饭，那也最好别去餐厅就餐，本书推荐大家买完食物带回家吃**。如果留在餐厅吃的话，不知不觉就会"还想吃一个"。而带走就不一样了。在餐厅点菜的时候我们可以充分考虑到卡路里的多少，控制好这顿饭的热量，而且买完就走，不给自己再多点一份的机会，因此能达到控制食量的效果。

4章

心理上的倦怠

努力过了
就不后悔

致自己!
我也辛苦啦!

37 凡事总往坏的方面想

大概谁都有过把事情往坏处想的时候吧？当我们遭受自然灾害的时候，当新冠疫情发生影响到了工作和收入的时候，或者当春节不能回家过年的时候，人们难免会感到不同程度的不安。

"不安"这种情绪会给我们的美好生活带来负面影响，我们应该学会控制它。

观察点 1 > 不安并不是一种特殊的情绪

所有人都会有不安情绪。请读者们回想一下第三章中提到的进化心理学（第151页），想象一下旧石器时代人类的生活环境吧！即使有房子或者洞穴可供居住，但那个时代既没有空调也没有暖气，凉风还是会吹进屋子里，房子里还是会有虫子在爬来爬去。而且，随时都有可能被大型食肉动物袭击。总之，那个时代面对的"死亡"风险与现代截然不同，这是毋庸置疑的。

那时，不安情绪就派上了用场。因为不安，人类才会绷紧神经、注意周围动向，从而避免死亡。因此，"不安"是人类生存中不可或缺的一种情绪。

进化心理学认为，人类的心理状态从石器时代开始就几乎没有变化。如果真是这样，那么当人类周围出现一些变故的时候，人类在情绪上有些不安也是理所当然的。

所谓的"心细如发"，是因为这个人对周围事物感知能力强、比较敏感，所以那不是缺点，而是一个很好的武器。

即使是在现代社会，人类有时也会因为感到不安而得以幸存。比如，当遭遇到重大灾害时，人们会因为担心次生灾害而早早赶往避难所，结果自家房子突然倒塌，人们便躲过一劫……这样的事情应该也不少见。

如此想来，不安这种情绪似乎也没那么糟糕了吧！当然，如果因为不安而导致精神被逼到绝境，那这种情况确实也于健康不利。但不可否认，容易不安、容易感到焦虑的人，同时也是危机回避能力较强的人。

观察点 **2** 〉 **爱操心会遗传**

人类是会感到不安的生物，但也有一些人特别容易把事情往坏的方面想。**这种倾向可能是天生的性格造成的，而这种性格中大约有五成是来自遗传。**

与生俱来的东西，想太多也没用。与其追求没有用的东西，不如思考这种情况下我们能做什么、如何面对身体里的高性能焦虑传感器，以及如何与它相处，这样才能让我们的未来变得更美好。

自我调控方法 **1** 理解不安情绪的本质

简单地说，要摆脱不安情绪过重带来的负面影响，最重要的是先理解"不安绝对不是一种特殊的情绪"。另外，即使你明显比别人更爱操心，也要从心态上去调整，认清这个"天生如此、无法改变"的事实。

人会因为"不知道"而感到不安。例如，不知道路边什么时候会窜出来一匹狼、不知道周末出游会遇到什么天气，这些"不知道"都会让我们感到不安。

当然，这里我们并不是要对这些"不安"做出有效的回答。本书要告诉大家的是，如果你理解了"不安"是每个人都会有的正常情绪，心情也会随之变得轻松一些。

即使是同一件事，理解不同，心情也会发生180度的变化。

擦肩而过时，有人撞到自己的肩膀，如果对方是个糙汉子，你就会感到不高兴；但如果对方是个孩子，你反而会认为是自己没好好走路。尽管同样都是被人撞到了肩膀。因此，自己如何看待这种不安，才是一切的重点。你应该以拥有敏感的不安传感器为荣，自信地去应对涌上来的焦虑。

自我调控方法 **2** 进行重新评价

本小节介绍一些减少不安情绪的小技巧。这种方法能通过改变自己对情绪的解释，来达到减少负面情绪的效果，我们将这种方法称之为"重新评价"。

一项关于重新评价的研究

哈佛大学的布鲁克斯（A. W. Brooks）以300名参与者为对象，进行了以下测试。

- 唱卡拉OK并给其打分。
- 2分钟以上的当众演讲。
- 数学测验。

测试前，布鲁克斯等人将所有参与者分为以下五组，每组需要说出不同的句子。

第①组说："我很不安。"
第②组说："我很兴奋。"
第③组说："我很冷静。"
第④组说："我生气了。"

第⑤组说："我很悲伤。"

测试结果表明，第②组的参与者在说出"我很兴奋"之后，唱卡拉OK时评分提高了，演讲时的说服力、能力、自信、持续性等方面的评价也提高了，在数学测验中也取得了最好的成绩。

无论某一外在表现是由不安引起的，还是由兴奋引起的，其实它和出汗、身体颤抖等生理现象是一样的。**我们的大脑是无法区分不安和兴奋的，所以对于这种生理现象，如何对大脑进行解释就显得尤为重要。**

因此，当我们感到不安时，我们可以试着对自己说："哦！我现在很兴奋！"仅此一个小小方法，你所看到的世界或许就会发生很大改变。

38 一味责备自己

当发生不好的事情时，很多人会下意识地认为"这可能是我的错"。

可能有时候也确实是你自己造成的。但是，如果总是责备自己，只会让自己受到伤害，心里也总是提不起劲来。反省当然很重要，但一直背负着失败和后悔等沉重的心理负担也于事无补。如果真的给别人添了麻烦，那就好好反省，争取下次好好补偿人家、报答人家。

观察点 **1** > **人总爱悔不当初**

爱自责的人，有时会陷入强烈的后悔情绪中无法自拔，以至于不能及时反省。

> **一项关于后悔的研究**
>
> 康奈尔大学的心理学家吉洛维奇（T. Gilovich）和梅德贝克（V. H. Medvec）以男女老少为对象，通过面对面访谈、电话问询、问卷调查等形式，对"后悔"意识进行了5种调查。
>
> 调查结果表明，对于近期发生的事情，人们会后悔做了某事。但从长期来看，人们后悔的却是那些当时没做的事。而且，随着时间的流逝，这种后悔的念头会越来越强烈。

人之所以时间长了之后不再后悔做了某事，是**因为即使当时失败了，为了纠正这个失败，为了安抚自己的心灵，人也会努力重新站起来**。后悔不做不如后悔做。

"反正都要做点什么，即使失败了也要坚持做"这个理念，才是最重要的。

观察点 **2** > "自己的事"和"自责"不同

一直自责固然不好，但我们还是需要在考虑事情时将自己代入进去。当我们把一件事情当作"自己的事情"来看待，想象如果这件事情发生在自己身上会怎么样时，我们就能有意识地去思考、去跟进。而通过这样的独立思考，我们的思想会变得更加深入，我们的人格也就更加健全。此外，这样还能提高共情能力。共情能力是一种宝贵的能力，它让人类在能保护自己的同时，还能与他人分享心灵，从而顺利进行社会生活。

但也有些人会把与自己完全无关的事情当成自己的事情来考虑，这一点是需要避免的。

例如，把问题归咎于自己，思考"怎么做才能解决问题"，从而不断试错，这样做是有益于自我成长的。但是，明明一切都不是自己的错，却不断地责备自己而导致精神崩溃的话，就有问题了。

自我调控方法 **1** 洗手

威廉·莎士比亚的戏剧《麦克白》中，麦克白夫人在刺杀邓肯国王后，因负罪感的驱使，总觉得手上有血腥味，于是不停地洗手。这种用洗手洗掉罪恶感的行为被称为"麦克白效应"。为了验证这种行为是否真的能获得心灵上的安抚，有人进行了一些实验。本小节介绍其中的一种。

一项关于麦克白效应的研究

密歇根大学安娜堡分校的李和施瓦茨让40名学生根据自己的喜好为10张音乐CD进行了排序。排序时，他们将40名学生分为了以下两组。参与者将收到排名第五或第六位的CD作为礼物。

第①组：用洗手液洗手。

第②组：只看到洗手液瓶子。

之后再次进行一轮排序。结果表明，洗过手的第①组把收到的CD排到了和上次相同的位置。而没有洗过手的第②组将收到的CD排到了比上次排位更靠前的位置。

这说明，洗手可以洗去对过去决定的后悔。

因此，当你被自责的念头驱使的时候，试着用洗手来帮帮自己，怎么样？

自我调控方法 **2**

体谅自己

总将责任归咎于自己，也有可能是因为心理预期过高。因为有着过高的心理预期，一旦最终的结果与心理预期出现较大偏差，就会陷入自责。

在这种情况下，本书推荐大家使用"自我关怀"法。"自我关怀"的理论基础源自佛教"原样接受自己"的思想。但是，自我关怀理论并不是单纯的宗教观，而是一种收集了各种各样的临床数据，从心理学的角度出发研究发展而来的有用的方法论。

简单说来，就是需要我们劝解自己、接受自己，并对自己说："没必要那么自责。"

即使某个失败真的是自己的错，也要抱着"是人就会犯错""我已经努力过了，事到如今也别无他法"的心态去接受。要认可自我，要多对自己说一些体谅的话，如"吃一堑，长一智"等。

本书在《凡事总往坏的方面想》（第156页）一节中也曾指出，重要的不是否定自己的心情，而是承认"我是会不安的人，也是会失败的人"。

"认"（認）这个字，是由言字旁右边加一个"忍"字组成的，意思是我们只有忍住想埋怨自己的心情，忍住想责备自己的言论，才能做到认可自己。

如果不甘心失败，那就纠正错误、努力成长，下次不要再犯同样的错误。如果能凡事都向前看，就能积极地应对自己的自责情绪。

致自己！
我也辛苦啦！

努力过了就不后悔

39 "快乐" "悲伤" 等情绪波动消失了

受新冠疫情影响，很多人不再聚餐，不再娱乐，越来越不爱出门，情绪也渐渐没有了太大的波动。出现这种情况主要是由于人际交流减少。本小节将针对这种情况介绍应对方法。

观察点 1 ＞ 没有情绪波动是坏事吗？

没有情绪波动，绝对不是什么坏事。

例如，当我们的身体和精神受到巨大压力时，会出现急性应激反应症状或自律神经失调症状，此时情绪波动便较为剧烈。

但这时的情绪起伏过大对解决问题并没有什么好处。尤其对于原本就容易激动的人来说，此刻安抚自己、让心情稍微平静下来，绝对不是什么坏事。

观察点 2 ＞ 冷静地把握自己的现状

近年来，愤怒情绪管理备受关注，很多人认为愤怒是一种不好的情绪。

人类作为动物，在感到人身危险的时候会有两种反应：愤怒地战斗，或胆怯地逃跑。其实不管怎样，都是为了保护自己而做出的反应。当自己的身心陷入危机时，如果不能发怒，就有可能无法保护自己，或者无法摆脱当时恶劣的环境。

愤怒这类剧烈的情绪波动，是自我防卫反应的一种，而减少情绪波动则是人体的另一种自我防卫反应。情绪不稳定和情绪剧烈起伏，都是对精神和肉体的一种消耗。我们常提到"封闭内心"这种说法，封闭内心可以从这种消耗中保护我们的内心，而我们的情绪也可以因此而变得平稳。

例如，频繁浏览社交网络后出现情绪不稳定现象的人，如果远离社交网络之后情绪趋于平缓的话，那么就应该在一段时间内继续保持这种远离状态，以免情绪再次波动。只有这样，才能保持平静的心态。

再如，如果你不久前出现过自律神经失调症状，那么情绪波动的逐渐消失就表示你正在恢复中。

综上所述，调整情绪最需要的便是冷静地把握自己目前的状态。

自我调控方法 1 多与乐天派交流

在冷静地分析了自己的现状之后，如果你认为现在的自己内心过于封闭，想要增加情绪波动，本书推荐你多去和那些乐天派交流。这里列出一项爱知医科大学松永（M. Matsunaga）等人的研究，其结果说明了这一方法的好处。

一项与乐天派共处的研究

研究证实，与乐天派做朋友的人，其快乐程度更高，幸福荷尔蒙——血清素的分泌也更多。

人以类聚。乐天派的周围，聚集的也都是快乐的人。所以，想要快乐，就去找那些乐天派吧！

还有一项反向研究，是针对消极情绪的。

一项与爱生气的人共处的研究

斯坦福大学的布雷切特（I. Blechert）等人进行了一项研究，结果显示，当实验对象看到生气表情时，其情绪表现得比看到普通表情时更消极。

如果你身边的朋友或搭档都爱发脾气，那么你整天也会被愤怒的情绪所支配，结果可能导致所有的事情都无法顺利进行。尽量远离这种负能量的人，换一个充满正能量的环境，结交一些有积极情绪的人吧！

自我调控方法 2

看小说

多伦多大学的马尔（R. A. Mar）等人的一项研究表明，阅读虚构类小说可以提高共情能力，从而改变心态。

一项关于小说的研究

这项200多人参与调查的研究表明，阅读虚构类小说可以提高类推能力，更容易与他人产生共鸣，更容易理解他人心理。另外，调查结果还显示，爱看小说的人，其倾诉对象也比较多。

在这里顺便说一下，大量阅读非虚构类文学作品的人，其孤独和压力的感受度也比较高。

小说是用文字来表达各种感情和这些感情背后的内涵的。通过阅读这些文字，读者的情绪也会受书中人物感情的影响而出现波动。

人是社会性动物，一个人是无法生存在这个社会上的。而在人的生活中，如何与他人相处是非常重要的。其中最关键的，就是要有共情能力。只有相互理解、产生共鸣、体谅对方，才能构建起良好的人际关系。正因为如此，我们也可以推论，喜欢阅读虚构类小说的人，共鸣能力比较强，他们也因此而有更多的倾诉对象。

心理上的拖延症

40 焦躁不安地向周围发泄情绪

当你感到愤怒的时候，你是自己一个人生闷气，还是会把它发泄到周围的人或物上呢？其实还是不要迁怒于别人比较好。有人说，我也知道，可是我控制不住自己啊！是啊！越是这种时候，越需要自我控制。

观察点 1 > 身边有人时　愤怒会加倍

有一个科学事实希望读者们记住：焦虑地对待周围的人或物，于自己而言是半点好处都没有的。

也许你想通过身边的人或物来泄愤，但是很遗憾，这样做几乎没什么效果，不仅消除不了压力，反而会带来负面影响。

> ### 一项关于泄愤的研究
>
> 在俄亥俄州立大学的布什曼（B. J. Bushman）等人进行过这样一项研究。他们先给实验对象提供了一个虚假信息："如果你觉得愤怒，你就把它发泄在枕头之类的东西上，这样比发泄在人的身上更有效果。"然后，布什曼等人安排了一些第三方对实验对象写的随笔进行了恶评，故意引发实验对象烦躁不安的情绪，随后让实验对象从列表中选择此时想要做的事情。结果，几乎所有的实验对象都选择了"打沙包"。
>
> 而这些为了发泄愤怒情绪而去打沙包的人，不但没有平息自己的怒火，反而让自己变得有攻击性了。

而且，最后的研究结果表明，这些人的愤怒不仅加倍了，甚至还有人把愤怒发泄到了不相干的人身上。

总而言之，把愤怒迁怒到人或其他事物身上，不但不能缓解压力，反而会使自己愤怒加倍，甚至给他人带来麻烦。

因为愤怒，随手便拿起身边的东西发泄，这样不但情绪得不到安抚，反而会使愤怒加倍，于是便忍不住又去迁怒于人，然后愤怒再次加倍……如此一来，我们可能会陷入地狱般的无限循环中。

观察点 2 > 生气对身体不好

本书在《"快乐""悲伤"等情绪波动消失了》（第164页）一节中曾指出，生气也是一种自我防卫的手段。但是，大多数情况下，愤怒情绪对身体并无益处。大量科学数据表明，压力和焦虑会直接导致我们的身体出现高血压、血液循环不良、头痛等症状。在本小节中，我们将为读者介绍一项有趣的研究。

一项关于免疫力和愤怒的研究

伦敦大学的赖恩（G. Rein）等人的一项研究结果表明，生气会使人体的免疫力下降6个小时以上。此外，该研究还表明，多抱有关怀、友爱之心会让人体的免疫力会提高24小时以上。

也就是说，对人温柔会带来正面效果，而生气则会带来负面效果。

由此可见，愤怒对心灵、对身体都有负面影响。我们要尽量保持积极向上的心态，开心地度过每一天。

167

喝波子汽水

为了不让自己有迁怒于其他人或物的机会，我们首先需要保持"不烦躁"的状态，才能从本质上解决问题。

前文介绍过俄亥俄州立大学的布什曼等人（第168页）的研究。其实该研究还发现了一个规律：当人体内血糖值过低时，人也会变得容易焦虑。

但如果为了不过分焦虑而去吃一些糖分高的点心的话，总会不知不觉就吃多了，结果可能会导致体重增加，这样做是弊大于利的。

为此，本书推荐读者们试试波子汽水。

我们选择波子汽水的时候可以仔细看看它的原料成分。波子汽水采用的原料是葡萄糖。糖有各种各样的种类，而葡萄糖则属于糖的最小单位——单糖。

关于糖类

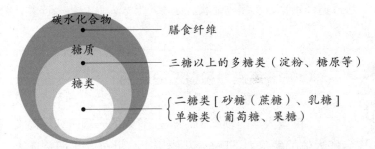

葡萄糖的好处在于它不仅能有效地转换成大脑的能量，还能提高血糖值。

严格控制糖分摄入的人或者患有糖尿病的人，能从脂肪中生成"酮体"转化为人体的能量源，就像应急电池一样。

虽然食用以砂糖为原料的点心也能转化为大脑的能量，但实际上大脑使用的也只是砂糖中的葡萄糖，果糖是不能转化为能量的。

我们在喝以葡萄糖为原料的波子汽水时，所摄取的只是糖的最小单位——葡萄糖，这样不仅吸收效率高，而且不会转化为脂肪。实际上，波子汽水的效果已经得到了科学的研究证实。

波子汽水与大脑功能的研究

森永制果研究所的稻垣宏之等人通过实验表明，喝一瓶波子汽水，工作记忆和注意力等认知能力会提高。也就是说，喝波子汽水能促进大脑功能的改善。

从这个结果可以看出，喝波子汽水时，葡萄糖会被摄取到体内，并到达大脑。

顺便说一下，波子汽水即使喝多了也没什么坏处，因此建议定期摄取。人们常说"我们想吃什么就代表身体需要什么"，实际上我们需要的只是食物中的有用成分，那才是维持生命所必需的物质。

但是，我们需要注意，当大脑感到疲劳烦躁的时候，我们大脑自带的抑制功能就无法发挥作用了，于是便控制不住自己想要吃垃圾食品的欲望。因此，在大脑发出求救信号之前，我们就要及时补充葡萄糖，减少暴饮暴食的概率。

大脑每小时需要4～5克的葡萄糖，而一瓶波子汽水含有29克左右的葡萄糖，摄取到体内后大约为26克。请把这个作为摄取量的标准，千万不能喝太多！

自我调控
方法 **2**
通过"重新理解"管理愤怒情绪

虽然我们借助葡萄糖的力量，可以理想地控制住愤怒的情绪，但我们还是难免会有被强烈的情绪所左右的时候。

这种时候，我们应该实行愤怒情绪管理，至少不要把愤怒发泄到外界。

这里推荐的方法就是"重新理解"。实际上，本书在前面《"快乐""悲伤"等情绪波动消失了》（第164页）一节中，曾介绍过斯坦福大学的布雷切特等人的一项研究，实际上这项研究还有后续。

一项关于"重新理解"的研究

布雷切特等人将实验对象分为了以下三组。

第①组：看到的是普通的表情。

第②组：看到的是生气的表情。

第③组：看到生气的表情后进行"重新理解"。

前文中也介绍过，与第①组相比，第②组的负面情绪明显增加了，而第①组和第③组之间则没有出现明显的差异。

这个实验中所说的"重新理解"，是指重新审视眼前的现象，通过思考给眼前的现象重新进行解释。

例如，当实验对象看到愤怒的表情时，如果稍微在心里重新解释一下："啊！这个人的日子可能过得很不如意吧！""他早上和妻子吵架了吧！"这样一来，实验对象的情绪也会随之改变了。

关于重新理解，还有另一个值得参考的研究。

一项关于"重新理解"的研究

密歇根州立大学的莫瑟（J. S. Moser）等人做过一项实验。他们先是让实验对象看了一些令人不适的图像，然后把实验对象分成了以下两组。

第①组：自问自答"现在我感觉如何"。

第②组：站在第三人称的角度揣摩"现在他/她感觉如何"。

结果表明，与采用第一人称进行叙述的第①组相比，第②组实验对象的大脑中，负责管理情绪的杏仁核出现了活动急剧减少的现象，代表着他们的情绪得到了有效控制。

总而言之，**当你生气的时候，只要你跳出自我的视角，假装以第三人的视角去客观地对待这件事，就能抑制住愤怒的情绪。**

大脑真的很复杂，但同时又很单纯。

当我们被愤怒情绪淹没时，想要做到"重新理解"绝非易事。但如果真能做到这点，那么便有可能有效地控制住我们愤怒的情绪。

41 优柔寡断 犹豫不决

很多人觉得自己优柔寡断，并为此烦恼不已：考虑得太多，本该尽早做决定的事情也会一拖再拖。

不要以为没办法改变，本书将推荐一些简单的方法，来帮助改变优柔寡断的性格。

观察点 1 > 人们总想增加选项

人为什么会变得优柔寡断呢？那是因为身边有太多难以判断的选项。

假如你正在考虑购买空调，有一款空调售价5000元、实际价值也正好5000元，而另一款空调售价5000元、实际价值却达8000元。如果这两款空调的配置等各方面条件都差不多，人们会毫不犹豫地选择后者。

也就是说，无论多么优柔寡断的人，如果有明显更好的选择，一般都不会犹豫不决，只有面对艰难的抉择时才会优柔寡断起来。

而且，**增加选项也是人类的本能**。

人类是一种容易察觉危险、容易感到不安的生物，总担心发生诸如"买了之后再后悔"之类的事情。因此，买空调时，为了防止后悔，可以先上网查资料，也可以去各种各样的电器店，增加自己的选项。

观察点 2 > 深思熟虑没什么意义

因为怕后悔，所以才会增加选项、仔细思考。也许你会觉得，这种逻辑才是理所当然的，没有任何问题。但是，如果深思熟虑了之后还是没有结果，你又该怎么做呢？

一项关于深思熟虑的研究

拉德堡德大学的狄克斯特霍伊斯（A. Dijksterhuis）等人进行了一项实验，让实验对象从4辆二手车中选择一辆性价比最高的。狄克斯特霍伊斯等人分别向实验对象说明了这4辆车的配置，然后把实验对象分成了以下两组。

第①组：要在深思熟虑后做出选择。

第②组：选择时间较少……有时间限制，而且还要做一些智力题，不答完不能做选择。

首先，狄克斯特霍伊斯等人从这些车的配置中选取了4个特征进行了说明，此时第①组的大部分实验对象和第②组的一半以上的实验对象成功地选择了性价比最高的那台车。单从这个结果来看，似乎深思熟虑是正确的。

接下来，狄克斯特霍伊斯等人又选取了12个特征进行了说明。而这一次，第①组的成功率降到了25%。换句话说，这和乱选的概率差不多。

而令人惊讶的是，第②组中，有60%的人选出了性价比最高的那一辆。这一轮，深思熟虑的小组惨败。

也就是说，在选项有限的情况下，仔细思考或许会奏效，但在选项较多的情况下就不一定了。而且，如前所述，想要增加选项是人类的本能。

自我调控方法 1

不增加选项

选项只有一个的话肯定是不够的，但即使要增加也要经过严格挑选。就像狄克斯特霍伊斯等人的实验中提到的那样，要把选项控制在4个以内，才能有效地选出最合适的那一项。

在狄克斯特霍伊斯等人的实验中，当选项增加到12个时，第②组还能做出正确的选择，这其实是有原因的。其原因就在于时间太短。在那么短的时间内，不可能关注到所有车的所有配置。**很多人便放弃了一些不重要的特征，只关注特别重要的部分。而这种放弃，从结果上来看，有着很重要的意义。**

如果冷静下来加以分析的话，经过深思熟虑的第①组应该也能分清哪些是重要的，哪些是不重要的。但是"选项过多"会影响人的判断力。

自我调控方法 2 制定决断的规则

真正优柔寡断的人，可能很难给自己减少选项。

这种时候就要给自己制定一些决断规则，以适应各种场合。比如，如果你是一个选择困难症患者，就可以给自己规定一下：在一家不常去的饭店吃饭时，如果无法定下点什么菜，那就点菜单列表的左上角。

有人也许会想，点餐这种小事用这种方法倒是挺好，但面临重大决断的时候又该怎么办呢？这种方法会不会行不通呢？然而，事实并非如此。芝加哥大学的莱维特（S. D. Levitt）等人曾发表过一项关于人类决断及其满意度的研究。

不会点菜就点左上角！

请给我来份这个！

一项关于人类决断及其满意度的研究

莱维特等人制作了一个"投硬币网站"，让人们在网上写下无法决定的事情，然后在屏幕上扔硬币。硬币的正面显示的是"执行"，反面显示的是"不执行"。

令人惊讶的是，在这个网站上，人们写下最多的烦恼居然是"是否应该辞掉现在的工作"，其次是"是否应该离婚"。很难想象，人们会将这样的人生大事寄托在抛硬币这个随机性强的行为上。而且，有63%的人最后竟然真的按照抛硬币的结果去展开行动了。

然后，莱维特等人还调查了这些人行动之后的幸福指数，发现当时决断的内容没有对他们造成太大的影响。不管扔硬币的结果是什么，那些为了解决烦恼而采取了行动的人，半年后的幸福指数更高。

本书在第38小节《一味责备自己》（第160页）中提到过，人们如果遭遇了失败，短时间内会经常为自己做了这件事感到后悔；但从长期来看，人们后悔的往往是当时没有去做这件事。而且，时间越长，这种悔恨感会越强。

也就是说，比起"做了什么样的决定"，"做决定"这件事本身对幸福指数的影响更大。

当你因选项太多而感到困扰时，你可抛个硬币，或者抽个签看看。还可以通过"if-then planning"（情景规划，第51页）等方法，让自己先做个决定。

当然，从概率上来说，即便这样做比较容易提高幸福指数，这个决断也有可能会让人吃点苦头。但一味地优柔寡断，同样会吃到苦头。所以不管怎样，还是先做出一个决定吧！决定好了之后，整个人心情都会舒畅很多。

42 控制不住的嫉妒

有没有人认为自己嫉妒心强呢？觉得自己嫉妒心强的人，往往心里都明白"嫉妒别人不是什么好事"，但却总也控制不了自己。

人总是爱把自己和他人进行比较。如果比较之后能承认别人比自己确实高一个段位，那就不算作是嫉妒。我们到底应该怎么做，才能让自己没有嫉妒之心呢？

观察点 1 > 嫉妒并不是一种无用的感情

嫉妒是人类不可或缺的感情。

从进化心理学的角度（第150页）来解释的话，嫉妒正是人类行动力的源泉。正因为嫉妒，人类才会去讨厌并攻击那些比自己更有魅力的人，如此才能确保自己这一系子孙的繁衍。和愤怒一样，嫉妒也是自我防卫本能的表现，对人类来说是必不可少的感情。

但是，以嫉妒为动力而采取行动的时候，采用的必须是积极的手段，基于的必须是"不服输"这种情感。

如果一味消沉地认为"反正我这样的人……"而伤害自己，或者为了排除异己而采用暴力的手段，那是会出问题的。嫉妒和愤怒一样，有好处也有坏处。

观察点 2 > 嫉妒会导致阿尔茨海默症

在心理学上，与积极行为相关的嫉妒被称为"良性嫉妒"，与之相反的嫉妒被称为"恶性嫉妒"。

虽然嫉妒有好处，但正如"嫉妒"这个词给人带来的消极印象一样，在大多数情况下，人的嫉妒心会倾向于"恶性嫉妒"，给人的身心带来负面影响的可能性也更大。

一项关于嫉妒的研究

哥德堡大学的约翰森（L. Johansson）等人进行了一项非常有价值的研究。他们从1968年开始，对居住在瑞典的800名女性（研究开始时平均年龄为46岁）进行了长达38年的跟踪调查。

此项研究结果表明，容易产生愤怒、不安、嫉妒等情绪的女性，患阿尔茨海默病的风险更高。约翰森等人认为，此研究结果也适用于男性。这表明从长远角度来看，嫉妒心可能会对人的健康产生很大影响。

另外，东芬兰大学的涅乌沃宁（E. Neuvonen）等人的研究也表明，不愿意信任他人的人，患痴呆症的风险约为常人的3倍。

从这些研究来看，嫉妒确实是有害于健康的。

自我调控方法 1 自我肯定

"self-affirmation"在英语中是"自我肯定"的意思，是一种效果已得到证实的心理调适方法。它并不是单纯地肯定自己，而是按照一定的模式讲述自己的事情。科学研究证实，自我肯定疗法确实有效，其中的疗效之一就是可以减轻嫉妒心。

斯坦福大学的科恩（G. L. Cohen）和加利福尼亚大学圣塔芭芭拉分校的谢尔曼（D. K. Sherman）的做法就是让实验对象谈谈对自己来说最重要的事情，或者把这些事情写下来。

比如："跳舞对我来说很重要。跳舞是我的热情，也是我的人生。舞蹈工作室是我的第二个家，舞蹈队队员就像是我的家人们，但是我真正的家人更重要。没有家人我就活不下去。"

不同的研究团队，其研究方法也不尽相同。但在进行自我肯定的时候，各研究方法都有一个共同点：不要写生病等消极的事情，要想象着理想中的自己，只写下积极的事情或现象。

并且，他们会要求在表述时尽量用现在进行时或现在的状态来表示。最近网络上也出现了一些介绍"肯定"内容的网站，我们不妨用来做参考。

自我调控方法 2　用欣赏的目光来审视他人

此处介绍日本东京大学的田户冈好香等人的一项关于嫉妒和羡慕的有趣研究。

一项关于运动感觉和羡慕嫉妒的研究

田户冈等人研究了"自我他者概念和上下运动感觉对羡慕嫉妒产生的影响"。

此项研究概括起来说，就是把某事物人为地"抬高"或"降低"，看看这种情况下人们的感情是否也随之发生"高看一眼"或"轻视"等变化。

令人意外的是，研究结果显示，两者之间确实存在关联性。

在实验中，实验对象将写有"自己"或"他人"的卡片分别做出举起和放下的动作，而研究人员则针对这个过程进行了比较研究。研究结果很明显，将"他人"卡片高高举起时，实验对象表现出的是"羡慕"的表情，这种感觉可以说是一种良性的嫉妒；将"自己"卡片放得较低时，实验对象表现出的是嫉妒的表情，而这可谓是一种"恶性嫉妒"。

　　因此，当你妒忌某个人的时候，不妨将那个人的名字写在纸上，举起来看一看。说不定恶性的嫉妒就转变成了良性的羡慕。

　　另外，也有研究表明，把东西举过头顶去思考时，容易想起积极的事情；把东西放到视线以下的位置去思考，容易想起消极的事情。

　　因此，当嫉妒的情绪涌上心头时，我们不妨先抬头看看天空。

43 明明不想看，却老是在意负面新闻

有些人就爱关注负面新闻，也有很多人认为社会上尽是负面新闻。诚然，只看这些新闻对心理健康而言是不利的，但对这些新闻毫不在意的话，从危机管理角度来看也是不安全的。

那么，我们应该如何看待负面新闻呢？

观察点 1 ▷ 新冠疫情导致全球负面新闻增多

日本雅虎研究所与日本庆应义塾大学的大越等人联合进行了一项研究，他们对2020年度雅虎的检索查询（用户搜索时使用的单词和单词的组合）情况进行了评估，结果显示：受第一波和第二波新冠疫情的影响，日本人有一段时期普遍意志消沉。

从世界范围来看，最近"doomscrolling"一词火遍了欧美的一些社交网站。这个词由"doom"和"scrolling"两个词组成，"doom"是"厄运""世界末日"之意，而"scrolling"则是"刷屏"之意。这个词可译为"末日刷屏"，指持续刷屏浏览大量负面新闻报道。

观察点 2 ▷ 越不宽容，越容易受负面新闻影响

筑波大学的平井花朋等人发现，对于推特上那些令人不快的帖子，越是不宽容的人就越容易产生消极的情绪。

因此在这里，本书要提醒那些过于耿直、有理想主义和强烈正义感倾向的人：不要一直流连于社交网站，少看一些网络新闻，因为这些地方特

别容易看到负面信息。

而且，这个世界不会按照我们的意志去运转。我们要接受这个理所当然的事实，多想想"人生就是这样""人就是这样""反正到了明年这件事情就被人们淡忘了"，心情就会轻松很多。

自我调控
方法 **1**

不刷视频 不玩手机

如果不想接触负面信息，那本书建议你干脆把手机放在看不见的地方，或者直接关机。

总是把手机放在触手可及的地方，这样做的坏处不仅仅在于我们会被负面信息牵着鼻子走。实验表明，这样做还会消耗大脑资源，导致注意力涣散。

一项关于手机与大脑之间的联系的研究

沃德（A. F. Ward）等人通过研究发现，当我们专注于做某件事或做决定时，仅仅是把手机放在身边这样一个动作，就会分散我们的注意力。因为我们会担心电话铃声突然响起，也会担心有邮件和信息没有及时回复。

因为大脑不擅长处理多重任务，一旦出现干扰，大脑便无法高效地处理手中正在进行的事情。因此，把手机放在看不见的地方，不仅能远离负面新闻，还能提高工作效率。

自我调控
方法 **2**

事不关己高高挂起

纽约大学的昌久等人的实验表明，只要你认为负面新闻与自己无关，你就不会受到负面新闻的影响。

我们不妨问问自己，眼前的信息对我们来说到底是非看不可的，还是无关紧要的。如果认为自己不需要负面新闻，那就接着训练自己，让自己认为这些信息"与我无关"。这样一来，我们就不会受到这些没用的负面信息的影响了。坚持每天训练30分钟左右，效果会持续几周。请一定要试试。

44 不会拒绝

对于新冠疫情，人们的想法是不一样的，而想法的不一致也给人们的生活带来了一些困扰。比如，你很介意新冠病毒，不想出门，但你的朋友却不介意，还总是邀请你出去玩儿，这种情况下，你是否会不知所措呢？

而新冠疫情发生之前，肯定也有不少人因不会拒绝而出席了很多不愿出席的酒会吧！

那么，当我们收到这些邀请而又不愿意去的时候，到底应该怎么做呢？

观察点 1 ▷ 很多人都会拒绝工作上的聚餐

日本趋势调查公司和"钻石线上"联合对年龄在20~70岁的1020名男女进行了一项问卷调查，调查主题为"不想去的酒会"。

针对"上司邀请你去喝酒而你不想去的时候，一般会怎么做？"这一问题，回答"面带歉意地拒绝"和"坚决拒绝"的人占到了70.3%。而如果是客户的邀请，则有61.2%的人表示会"很抱歉地拒绝"或"果断地拒绝"。

竟然有70%的人拒绝了上司的邀请！还有60%的人拒绝了客户的邀请！这个比例不可谓不高啊！

也许，拒绝比例这么高的原因，跟以下两个因素有关系。一个是最近社会上普遍开始认为"以酒会友"之风不可取，另一个是新冠疫情以来大家以疫情为借口，拒绝起来方便了许多。而这个问卷调查（2021年3月15日至3月19日）正好就是在新冠疫情暴发不久之后进行的。

观察点 **2** › 拒绝不会给人留下太糟糕的印象

在上述问卷调查中，有一个问题是：身为一个下属却拒绝了上司的邀请，这事儿你怎么看？。而这一题选择"尊重人家自己的判断"的人占到了78.0%。

看起来，有接近八成的人认为，即使是工作聚会也应该自由选择，他们并不认为"拒绝邀请=印象不好"。可以说，这一数字也体现了如今社会重视私人空间的时代潮流。

自我调控 方法 **1** 确实无法拒绝就说服自己接受

从上述数据来看，不想去就果断拒绝的后果，似乎也没有想象中那么严重。

当然，根据时间、地点和对象的不同，有些聚会可能确实无法拒绝。但是，你只要想一想，这种情况只是少数，心里应该就会好受很多。

因此，我们需要先冷静地思考一下，为什么当时没能拒绝呢？

为什么明明不想去最终还是去了呢？是因为不想被讨厌吗？是因为不想被贴上不合群的标签吗？还是因为不想破坏和谐的气氛呢？

如果不能明确这一点，你就始终无法从"不想去却又非去不可"的负面情绪中走出来。如果能将理由可视化，你就能重新看待（第172页）这件事，也就可以像下面的例子一样，做出积极的解释。

▼ **积极看待事物的例子**

① **"不想因为拒绝而被讨厌"** → **"参加了之后好感度会上升"**。

② **"不想被认为不合群"** → **"参加了就显得合群了"**。

③ **"不想破坏和谐"** → **"很高兴大家能一起参与进来"**。

如果能对消极情绪进行积极的解释，你就不会那么讨厌酒会了。放开心里的成见之后，也许你还能享受酒会呢！

另外，因为参加聚会的人很多，有些事情是自己无法控制的，所以即使重新进行了心理建设，也可能会觉得提不起劲。这种时候，我们就想想前面的数据吧！近八成的人认为要"尊重人家自己的判断"呢！所以如果真的不喜欢，鼓起勇气拒绝也是一种方法。

以金钱为理由拒绝

拒绝别人的邀请时，最烦恼的恐怕就是要想一个合适的理由吧！有一项研究结果认为，与其直接以"时间"为借口，还不如以"金钱"为理由。

一项关于拒绝理由的研究

俄亥俄州立大学的唐纳利（G. E. Donnelly）等人针对200多人进行了一项调查，调查主题为"拒绝的理由"。调查结果显示，从对他人造成的负面影响来看，尽管同样是拒绝，但时间理由比金钱理由的伤害性高出了一倍左右。

因为，人们都认为时间是一个可以由本人自由掌控的东西。

该调查表示，一般人会觉得以时间为理由去拒绝别人比较好，但结果却恰恰相反。

以时间为理由拒绝时，暗含着只要时间允许我就能去的意思，因此这个理由只能在当天使用。而如果以没钱为理由拒绝的话，短时间内没钱的状态不会改变，所以可以用来进行长期的拒绝。

虽然以金钱为理由会让人觉得有点不好意思，但是你可以反过来想想，你这样一说，说不定对方还能帮你一把呢！这样岂不更好？比如，你可以告诉他，你想去海外旅行、想考取资格证、想孝顺父母，所以现在正在攒钱呢！你觉得这些理由怎么样？

45 做什么事都嫌麻烦

很多人好像都有这样的感觉：一天即将过去，我们却在反省自己又磨磨蹭蹭、碌碌无为地度过了一天。

如果你什么都不愿意去想、什么都觉得麻烦，只想倒头睡一觉的话，那你就会失去工作和生活的乐趣，每天的工作和生活也就没有了干劲。

也许，在新冠疫情影响下，很多人的兴趣、学习、工作等方方面面都发生了变化，无法再按照自己原先的计划进行，以至于错过了最佳时机，难以找回最初的干劲。

观察点 1 › 有行动才有干劲

伏隔核（nucleus accumben）是大脑的"干劲开关"。要想刺激伏隔核，只有通过活动身体来进行。

一旦刺激开始，"干劲开关"就会自动打开。因逃避现实而沉迷游戏，因讨厌学习而收拾房间，都是依靠行动刺激伏隔核的表现。

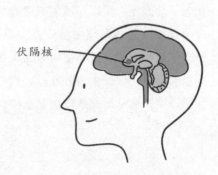

伏隔核

缩小任务范围

本书已介绍了不少的知识，在本小节中，我们将把这些知识与实际行动联系起来。

首先，很多人应该有这种困扰：要做的事情太多，不知该从何下手。

请读者们回忆一下第41小节《优柔寡断 犹豫不决》（第174页）中介绍过的拉德堡德大学狄克斯特霍伊斯等人的那项研究吧！当人们对某一事物的4个特征进行比较时，尚能进行适当的深思熟虑，一旦增加到12个，人类的思维就会变得迟钝。

因此，什么都不想做的人，不妨把"应该完成的任务"全部写下来，从中选出特别重要的一项去做，而其他的任务则可以往后推推。请读者们在写下任务时尽量缩小任务范围，这样才有利于执行。**当你看到写下的应做事项并不多时，就会萌生"做做看"的想法。**

例如，有人属于ADHD气质，不擅长整理。他们一想到整理，脑袋都要大了，不知道该从哪里着手，结果什么都做不了。但如果把整理的范围缩小到"桌子"的话，任务范围就缩小了，完成起来就相对容易多了。

总之，就是要先缩小范围！

如果难以从众多选项中做出选择，可以采用投硬币或抽签的方式。

莱顿大学的伦特和鹿特丹伊拉斯谟大学的索维林的一项研究表明，与设定一个有野心的目标相比，设定一个合适的目标更能提高我们的能力。从这个意义上来说，本书建议读者们先制定一个小目标，努力地去实现它。

"复制粘贴"别人的行为

关于激发干劲的方法，还有另外一项有趣的研究："复制粘贴"别人的成功做法。也就是"模仿"（论文中也真的使用了"copy-and-paste"这个词）。

一项为了实现目标的研究

宾夕法尼亚大学的梅厄（K. Mehr）等人对1000多人进行了一项关于运动习惯和目标达成的研究。该研究认为，以身边成功培养运动习惯的人为榜样，照搬照抄他设定目标的方式、达成目标采用的方法，你也能养成运动习惯，也更容易达成自己的目标。

本书作者之一堀田对此有强烈的共鸣。堀田在读研究生的时候，就十分崇拜一位优秀的前辈，将其作为奋斗目标，从吃饭的时间到出入图书馆的时间，堀田都比照前辈的日程安排来进行，从而克服了懒惰的习惯，全身心地投入到学习中。在同年级的留学生中，这位前辈是最年轻的，但他却以年级最快的速度通过了博士学位的两项大考。

运动本就是一件很麻烦、很容易让人三天打鱼两天晒网的事情，在梅厄等人的实验中，通过"复制粘贴"的做法却提高了这件事的成功率。如果换做是其他日常的事情，应该更容易成功才对。请读者们一定要试一试。

不逃避消极的未来，才能提高自我控制能力。

感谢您读到最后。

读完本书，您有什么感想呢？

本书之所以会有这样的内容，作者木岛豪医生功不可没。

编写本书时，笔者得到的医学方面的帮助自不必说了。但让笔者得到更大启发的事情是：一直努力锻炼肌肉、那么年轻又那么有活力的木岛医生，其实不喜欢运动！

每天都坚持训练、毫不偷懒的木岛医生，竟然讨厌运动！这真是令人震惊。

而且，木岛医生**能够坚持下来的理由其实很简单，就是"能够真实地想象未来"**。

不运动的结果、不努力工作的结果、任意摄取脂肪和糖的结果……能想象出糟糕的未来，也就能想象出努力后的美好未来，这样我们讨厌的运动也就有了坚持下去的动力。

实际上，霍华德·休斯医学研究所（The Howard Hughes Medical Institute）的贝特莱等人的脑科学研究已经表明，如果告知一个人长期的负面情绪会对身体产生影响的话，那这个人的食欲就会得到控制。这从另外一个层面说明，我们的上述想法是正确的。

不逃避、正视消极的事物，就能激发强大的控制力，让自己"讨厌那样的未来"。**关键在于，不要去想象那些美好的未来，而是要去想象这样下去会给自己带来什么样的危害。**

确实，很多时候空有美好的理想，人们是很难采取行动的。人类的行动大多是为了应对生活中的不安、不美好，所以这也是说得通的。

即使我们很难迈出"第一步"，也可以用那些辅助的方法来帮助我们实现自我调控。

总的来说，自我调控就是一种为了抵抗衰老而做出的努力。

人从出生开始就一步步走向死亡。

研究表明，除了大脑的学习等功能到了老年仍会持续增长之外，其大部分功能会在20岁之后开始逐渐衰退。

体力衰退的话，精力自然也会衰退。

因为"先身体，后大脑"，如果现在的你不如年轻时活跃，那么大脑受到的刺激也会减少，身心也会慢慢变得虚弱。

如果完全不运动，肌肉就会衰退。这个道理我们都懂，但其实这个道理不仅仅适用于肌肉。

如果在学习和工作上不努力，你的能力就会衰退。如果在人际交往中敷衍了事，你的沟通能力就会衰退。如果完全不与人交往、不读书、不看电影、不玩游戏，再丰富的感官也会变得迟钝。

但遗憾的是，并不是所有人都能坚持这样的努力。

所谓"自控力"，就是不嫌麻烦地坚持努力的能力。

只是，"虽然提高自控力很辛苦，但还是努力吧！"如果这样想，未免也太没有追求了。

于是，我们便开始策划这本书。

虽然我们很难让坚持努力这件事变得简单起来，但我们可以准备一些辅助的步骤，尽量降低"第一步"台阶的高度。我们写这本书的初衷，也是希望能有更多的人通过这样的方式过上更好的生活。

因此，本书介绍的这些自我调控方法，都已经尽可能地降低了难度。

上帝故意把"努力"的阶梯设计得非常奇怪，他把第一级设计得很高，但其实第二级以后就没有那么难了。

一旦开始行动，我们大脑的伏隔核就会受到刺激，干劲就会源源不断，我们一步步地爬台阶时就不会那么辛苦了。

而且，正如本书所介绍的，研究表明，**比起做过的事，人们更后悔那些没做过的事**。因此，自我调控的重点，是什么都不要想，先开始再说。

"虽然很麻烦，但还是开始运动吧""虽然还想再看看社交网络，但还是算了，去工作吧！"我希望有越来越多的人能这样去想，一步步地跨过更高的台阶。

而把这本书读完，本身就是你跨出的第一步。也许，你会脱胎换骨，变成一个能够轻松进行自我管理的人。

那么，就此搁笔，感谢《发现》杂志的责任编辑小石先生及相关人士，还有读到这里的所有读者。

堀田秀吾、木岛豪

参考文献列表

[1] Aarts, H., Custers, R., & Marien, H. (2008). Preparing and motivating behavior outside of awareness. Science, 319 (5870), 1639.

[2] Anderson, C., & Kilduff, G. J. (2009). Why do dominant personalities attain influence in face-to-face groups? The competence-signaling effects of trait dominance. Journal of Personality and Social Psychology, 96 (2), 491 - 503.

[3] Anderson, E. A., Johnson, R. A., McKinney, C., & Meadows, R. A. (2005). Neurohormonal Responses to Human-Animal and Human-Robotic Dog Interaction. Poster presented at The International Society for Anthrozoology 14th Annual Conference, July 11-12, 2005, Niagara Falls, NY.

[4] Ariely, D., & Wertenbroch, K. (2002). Procrastination, deadlines, and performance: self-control by precommitment. Psychological Science, 13 (3), 219 - 224.

[5] Askelund, A. J., Schweizer, S., Goodyer, I. M., & van Harmelen, A. L. (2019). Positive memory specificity reduces adolescent vulnerability to depression. Nature Human Behaviour, 3, 265-273.

[6] 馬路泰蔵 (1988. 下宿学生の自炊の仕方と食事内容. 栄養学雑誌, 46 (3), 129-138.

[7] 伴祐樹・櫻井翔・鳴海拓志・谷川智洋・廣瀬通孝 (2016). 時計の表示時間速度 制御による単純作業の処理速度向上手法", 日本バーチャルリアリティ学会論文誌, 21(1), 109-120.

[8] Betley, J. N., Xu, S., Cao, Z., Gong, R., Magnus, C. J., Yu, Y., & Sternson, S. M. (2015). Neurons for hunger and thirst transmit a negative-valence teaching signal. Nature, 521(7551), 180 - 185.

[9] Blechert, I., Sheppes, G., Di Tella, C., Williams, H., 8: Gross, I. I. (2012). See what you think: Reappraisal modulates behavioral and neural responses to social stimuli. Psychological Science, 23 (4), 346-353.

[10] Bönstrup, M., Iturrate, I., Thompson, R., Cruciani, G., Censor, N., & Cohen, L. G. (2019). A Rapid Form of Offline Consolidation in Skill Learning. Current Biology, 29, 1346-1351.

[11] Borkovec, T. D., Hazlett-Stevens, H., and Diaz, M. L. (1999). The role of positive beliefs about worry in generalized anxiety disorder and its treatment. Clinical Psychology & Psychotherapy, 6 (2), 126 - 138.

[12] Brooks, A. W. (2013). Get Excited: Reappraising Pre-Performance Anxiety as Excitement, Journal of Experimental Psychology, General, 143 (3), 1144 - 1158.

[13] Bryan, J. F., & Locke, E. A. (1967). Parkinson's law as a goal-setting phenomenon. Organizational Behavior & Human Performance, 2, 258 - 275.

[14] Bunzeck, N., & Duzel, E. (2006). Absolute coding of stimulus novelty in the human substantia Nigra/VTA. Neuron, 51: 369 - 379.

[15] Bushman, B. J., Baumeister, R. F., & Stack, A. D. (1999). Catharsis, aggression, and persuasive influence: Self-fulfilling or self-defeating prophecies? Journal of Personality and Social Psychology, 76 (3), 367-376.

[16] Bushman, B. J., DeWall, C. N., Pond, R. S. Jr., & Hanus, M. D. (2014). Low glucose relates to greater aggression in married couples. Proceedings of the National Academy of Sciences, 111, 6254-6257.

[17] Cai, W., McKenna, B., & Waizenegger, L. (2019). Turning It Off: Emotions in Digital-Free Travel. Journal of Travel Research, 59, 909 - 927.

[18] Chabris, C., & Simons, D. (2010). The Invisible Gorilla: And Other Ways Our Intuitions Deceive Us. Crown Publishers/Random House.

[19] Chastin, S., McGregor, D., Palarea-Albaladejo, J., Diaz, K. M., Hallal, P. C., van Hees, V. T., Hooker, S., Howard, V. J., Lee, I-M., von Rosen, P., Sabia, S., Shiroma, E., Yerramalla, M. S., & Dall, P. (2021). Joint association between accelerometry-measured daily combination of time spent in physical activity, sedentary behaviour and sleep and all-cause mortality: a pooled analysis of six prospective cohorts using compositional analysis. British Journal of Sports Medicine, 55, 1277-1285.

[20] Chau, J. Y., Grunseit, A. C., Chey, T., Stamatakis, E., Brown, W. J. , Matthews, C. E., Bauman, A. E., and van der Ploeg, H. P. (2013). Daily Sitting Time and All-Cause Mortality: A Meta-Analysis. PLOS ONE, 8 (11), e80000.

[21] Chen, R. C., Lee, M. S., Chang, Y. H., & Wahlqvist, M. L. (2012). Cooking frequency may enhance survival in Taiwanese elderly. Public Health Nutrition, 15 (7), 1142 - 1149.

[22] Chung, A., Jou, C., Grau-Perales, A. Levy, E. R., Dvorak, D., Hussain, N., & Fenton, A. A. (2021). Cognitive control persistently enhances hippocampal information processing. Nature, 600, 484 - 488.

[23] Cohen, G. L., & Sherman, D. K. (2014). The psychology of change: self-affirmation and social psychological intervention. Annual Review of Psychology, 65, 333 - 371.

[24] Dijksterhuis, A., Bos, M. W., Van Der Leij, A. & Van Baaren, R. B. (2009). Predicting Soccer Matches After Unconscious and Conscious Thought as a Function of Expertise. Psychological Science, 20, 1381 - 1387.

[25] Donnelly, G. E., Wilson, A. V., Whillans, A. V., & Norton, M. I. (2019). Communicating Resource Scarcity. Harvard Working Paper, January 2019.

[26] Doumit, R., Long, J., Kazandjian, C., Gharibeh, N., Karam, L., Song, H., Boswell, C., & Zeeni, N. (2016). Effects of Recording Food Intake Using Cell Phone Camera Pictures on Energy Intake and Food Choice. Worldviews on Evidence-based Nursing, 13(3), 216 - 223.

[27] Dutcher, E. G. (2012). The effects of telecommuting on productivity: An experimental examination. The role of dull and creative tasks. Journal of Economic Behavior & Organization, 84(1), 355-363.

[28] Fan, R., Varol, O., Varamesh, A., Barron, A., van de Leemput, I. A., Scheffer, M., & Bollen, J. (2018). The minute-scale dynamics of online emotions reveal the effects of affect labeling. Nature Human Behaviour, 1, 92 - 100.

[29] Ferrari, J. R., and Ticeb, D. A. (2000). Procrastination as a Self-Handicap for Men and Women: A Task-Avoidance Strategy in a Laboratory Setting. Journal of Research in Personality, 34 (1), 73-83.

[30] Festinger, L. (1954). A theory of social comparison processes. Human Relations, 7, 117 - 140.

[31] Finch, L. E., Tomiyama, A. J., & Ward, A. (2017). Taking a Stand: The Effects of Standing Desks on Task Performance and Engagement. International Journal of Environmental Research and Public Health, 14 (8) , 939.

[32] Galoni, C., Carpenter, G. S.,& Rao, H. (2020). Disgusted and Afraid: Consumer Choices under the Threat of Contagious Disease. Journal of Consumer Research, 47 (3), 373 - 392.

[33] Garaus, C., Furtm ü ller, G., & G ü ttel, W. H. (2016). The hidden power of small rewards: The effects of insufficient external rewards on autonomous motivation to learn. Academy of Management Learning & Education, 15 (1), 45 - 59.

[34] Geiselman, P. J., Martin, C., Coulon, S., Ryan, D., & Apperson, M. (2009). Effects of chewing gum on specific macronutrient and total caloric intake in an afternoon snack. Federation of American Societies for Experimental Biology Journal, 23, 101.3.

[35] Gibbs, M., Mengel, F. & Siemroth, C (2021). Work from Home and Productivity: Evidence from Personnel & Analytics Data on IT Professionals. University of Chicago, Becker Friedman Institute for Economics Working Paper, No. 2021-2056.

[36] Gilovich, T. & Medvec, V. H. (1994). The temporal pattern to the experience of regret. Journal of Personality and Social Psychology, 67 (3), 357 - 365.

[37] Gollwitzer, P. M. (1993). Goal achievement: The role of intentions. European Review of Social Psychology, 4, 141-185.

[38] Guan Y, & Duan W. (2020). The Mediating Role of Visual Stimuli From Media Use at Bedtime on Psychological Distress and Fatigue in College Students: Cross-Sectional Study. JMIR Mental Health, 7(3), e11609.

[39] Guglielmo, S., & Malle, B. F. (2019). Asymmetric morality: Blame is more differentiated and more extreme than praise. PLoS ONE, 14 (3), e0213544.

[40] Haghayegh, S., Khoshnevis, S., Smolensky, M. H., Diller, K. R., & Castriotta, R. J. (2019). Before-bedtime passive body heating by warm shower or bath to improve sleep: A systematic review and meta-analysis. Sleep Medicine Reviews. 46, 124–135.

[41] Hamermesh,D.(2010).Beauty pays.Maastricht University. https://doi.org/10.26481/spe.20100415dh

[42] Han, D. H., Kim, S. M., Lee, Y. S., & Renshaw, P. F. (2012). The effect of family therapy on the changes in the severity of on-line game play and brain activity in adolescents with on-line game addiction. Psychiatry Research, 202(2), 126 - 131.

[43] Heller, A.S., Shi, T.C., Ezie, C.E.C., Reneau, T. R., Baez, L .M., Gibbons, C. J., & Hartley, C. A. (2020). Association between real-world experiential diversity and positive affect relates to hippocampal - striatal functional connectivity. Nature Neuroscience, 23, 800 - 804.

[44] Helton, W. S. and Russell, P. N. (2015). Rest is best: The role of rest and task interruptions on vigilance. Cognition, 134, 165 - 173.

[45] 平井花朋・叶少瑜(2019). Twitter における不快な投稿が友人関係に影響を及ぼすのか？社会的寛容性と社会 関係資本の構築という視点から. 電子情報通信学会技術研究報告, 118(437),19–24.

[46] 平松隆円(2011).「男性による化粧行動としてのマニキュア塗抹がもたらす感情状態の変化に関する研究」仏教大学教育学部学会紀要 仏教大学教育学部学会, 10, 175–181.

[47] 廣瀬文子・長坂彰彦「短時間休憩後の覚醒度上昇方法に関する実験的検討」電力中央研究所報告 Y 研究報告. (05012), 1–27, 巻頭1–4.

[48] Hunt, M. G., Marx, R., Lipson, C., & Young, J. (2018). No more FOMO: Limiting social media decreases loneliness and depression. Journal of Social and Clinical Psychology, 37, 751 - 768.

[49] 稲垣宏之・山本貴之・下間早織・森貞夫・守田稔・伊藤明子・間藤卓(2020).

[50] 健康な成人におけるぶどう糖ラムネ菓子摂取によるワーキングメモリーと注意力の改善 – ランダム化二重盲検プラセボ対照クロスオーバー比較試験. 薬理と治療 48(4), 599–609.

[51] Johansson, L., Guo, X., Duberstein, P. R., Hällström, T., Waern, M., Ostling, S., & Skoog, I. (2014). Midlife personality and risk of Alzheimer disease and distress: a 38-year follow-up. Neurology, 83(17), 1538 - 1544.

[52] Kang, J., Seo, D., Cho, J., & Lee, B. (2018). Effectiveness of Breathing Exercises on Spinal Posture, Mobility and Stabilization in Patients with Lumbar Instability. Journal of The Korean Society of Physical Medicine. n. page.

[53] Kelly, Y., Zilanawala, A., Booker, C., & Sackesr, A. (2018). Social Media Use and Adolescent Mental Health: Findings From the UK Millennium Cohort Study. EClinicalMedicine, 6, 59–68.

[54] Kim, S., Park, Y., & Niu, Q. (2016). Micro-break activities at work to recover from daily work demands. Journal of. Organizational Behavior, 38, 28 - 44.

[55] Kofler, M. J., Sarver, D. E., Harmon, S. L., Moltisanti, A., Aduen, P. A., Soto, E. F., & Ferretti, N. (2018). Working memory and organizational skills problems in ADHD. Journal of Child Psychology and Psychiatry, and Allied Disciplines, 59(1), 57 - 67.

[56] Koopmann, A., Lippmann, K., Schuster, R., Reinhard, I., Bach, P., Weil, G., Rietschel, M., Witt, S. H., Wiedemann, K., & Kiefer, F. (2017). Drinking water to reduce alcohol craving? A randomized controlled study on the impact of ghrelin in mediating the effects of forced water intake in alcohol addiction. Psychoneuroendocrinology. 85, 56–62.

[57] Kornell, N., & Bjork, R. A. (2008). Learning concepts and categories: Is spacing the "enemy of induction"? Psychological Science, 19, 585 - 592.

[58] Kuhl, P. K., Tsao, F.-M. & Liu, H.-M. (2003). Foreign-Language Experience in Infancy Effects of Short-Term Exposure and Social Interaction on Phonetic Learning. Proceedings of the National Academy of Science, 100, 9096- 9101.

[59] Lee, I. M., Shiroma, E. J., Lobelo, F., Puska, P., Blair, S. N., & Katzmarzyk, P. T., Lancet Physical Activity Series Working Group (2012). Effect of physical inactivity on major non-communicable diseases worldwide: an analysis of burden of disease and life expectancy. Lancet, 380, 219 - 229.

[60] Lee, S., Ishibashi, S., Shimomura, Y., & Katsuura, T. (2012). Physiological functions of the effects of the different bathing method on recovery from local muscle fatigue. Journal of Physiological Anthropology, 31(1), 26.

[61] Levitt, S. D. (2016). Heads or Tails: The Impact of a Coin Toss on Major Life Decisions and Subsequent Happiness. NBER Working Paper, No. 22487.

[62] Lewin, K. (1926). Vorsatz, Wille und Bediirfnis. Psychologische Forschung, 7,330–385.

[63] Libet, B., Gleason, C. A., Wright, E. W, & Pearl, D. K. (1983). Time of Conscious Intention to Act in Relation to Onset of Cerebral Activity (Readiness-potential). Brain, 106, 623–642.

[64] Ma, X., Yue, Z., Gong, Z., Zhang, H., Duan, N., Shi, Y., Wei, G. & Li, Y. (2017). The Effect of Diaphragmatic Breathing on Attention, Negative Affect and Stress in Healthy Adults. Frontiers in Psychology, 8, 874.

[65] 前田健一・円田初美・新見直子（ 2012 ）. 好きな科目と嫌いな科目の学習方略と自己効力感，広島大 学心理学研 究，12, 45–59.

[66] Mangen, A., Walgermo, B. R., & Bronnick, K. (2013). Reading linear texts on paper versus computer screen: Effects on reading comprehension. International Journal of Educational Research, 58, 61–68.

[67] Mar, R. A., Oatley, K., & Peterson, J. B. (2009). Exploring the link between reading fiction and empathy: Ruling out individual differences and examining outcomes. Communications. The European Journal of Communication Research, 34, 407–428.

[68] Matsunaga M, Ishii K, Ohtsubo Y, Noguchi Y, Ochi M, Yamasue H (2017) Association between salivary serotonin and the social sharing of happiness. PLoS ONE, 12(7), e0180391.

[69] Matthew, M. S., L., Snyder, P. J., Pietrzak, R. H., Darby, D., Feldman, R. A. & Maruff, P. T. (2011). The Effect of Acute Increase in Urge to Void on Cognitive Function in Healthy Adults. Neurology and Urodynamics, 30(1), 183–7.

[70] Matthews, G. (2015). Study focuses on strategies for achieving goals, resolutions. A study presented at the Ninth Annual International Conference of the Psychology Research Unit of Athens Institute for Education and Research (ATINER), Athens, Greece.

[71] Mehr, K., Geiser, A., Milkman, K., & Duckworth, A. (2020). Copy–Paste Prompts: A New Nudge to Promote Goal Achievement. Journal of the Association for Consumer Research, 5. 10.1086/708880.

[72] Mehrabian, A. (1971). Silent Messages (1st ed.). Belmont, CA: Wadsworth.

[73] Mehta, R., Zhu, R. J., & Cheema, A. (2012). Is noise always bad? Exploring the effects of ambient noise on creative cognition. Journal of Consumer Research, 39 (4), 784 – 799.

[74] Michael, J., Sebanz, N., & Knoblich, G. (2016). The Sense of Commitment: A Minimal Approach. Frontiers in Psychology, 6, 1968.

[75] Morewedge, C. K., Huh, Y. E., & Vosgerau, J. (2010). Thought for food: imagined consumption reduces actual consumption. Science, 330 (6010), 1530 – 1533.

[76] 森敏昭（ 1980 ）. 文章記憶に及ぼす黙読と音読の効果，教育心理学研究，2, 57–61.

[77] Moser, J. S., Dougherty, A., Mattson, W. I., Katz, B., Moran, T. P., Guevarra, D., Shablack, H., Ayduk, O., Jonides, J., Berman, M. G. & Kross, E. (2017). Third–person self-talk facilitates emotion regulation without engaging cognitive control: Converging evidence from ERP and fMRI. Scientific Reports, 7(1), 1 – 9.

[78] Motivala, S. J., Tomiyama, A. J., Ziegler, M., Khandrika, S., & Irwin, M. R. (2009). Nocturnal levels of ghrelin and leptin and sleep in chronic insomnia. Psychoneuroendocrinology, 34 (4), 540 – 545.

[79] Mueller, C. M., & Dweck, C. S. (1998). Praise for intelligence can undermine children's motivation and performance. Journal of Personality and Social Psychology, 75(1), 33–52.

[80] Mueller, P. A., & Oppenheimer, D. M. (2014). The pen is mightier than the keyboard: Advantages of longhand over laptop note taking. Psychological Science, 25 (6), 1159–1168.

[81] 村田明日香 (2005). エラー処理に関わる動機づけ的要因の検討 事象関連電位をどう使うか―若手研究者からの提言 (2). 日本心理学会第 69 回大会・ワークショップ 91 (慶応義塾大学) 2005 年 9 月.

[82] Nakata, T. (2015). Effects of expanding and equal spacing on second language vocabulary learning: Does gradually increasing spacing increase vocabulary learning? Studies in Second Language Acquisition, 37 (4), 677–711.

[83] Nantais, K. M. & Schellenberg, E. G. (1999). The Mozart effect: An artifact of preference. Psychological Science, 10 (4), 370–373.

[84] Natsume, M., Ishikawa, H., Kawabe, Y., Watanabe, T., & Osawa, T., (2018). Effects of dark chocolate intake on Physical Functions in Japanese subjects. Advances in Clinical and Translational Research, 2 (3), 100012.

[85] Nestojko, J. F., Bui, D. C., Kornell, N., & Bjork, E. L. (2014). Expecting to teach enhances learning and organization of knowledge in free recall of text passages. Memory & Cognition, 42 (7), 1038–1048.

[86] Nestojko, J. F., Bui, D. C., Kornell, N., & Bjork, E. L. (2014). Expecting to teach enhances learning and organization of knowledge in free recall of text passages. Memory & Cognition, 42 (7), 1038–1048.

[87] Neuvonen, E., Rusanen, M., Solomon, A., Ngandu, T., Laatikainen, T., Soininen, H., Kivipelto, M., & Tolppanen A.-M. (2014). Late–life cynical distrust, risk of incident dementia, and mortality in a population–based cohort. Neurology, 82 (24).

[88] Nguyen, B. T., & Powell, L. M. (2014). The impact of restaurant consumption among US adults: Effects on energy and nutrient intakes. Public Health Nutrition, 17 (11), 2445‑2452.

[89] Nittono, H., Fukushima, M., Yano, A., & Moriya, H. (2012). The power of kawaii: Viewing cute images promotes a careful behavior and narrows attentional focus. PLoS ONE, 7 (9), e46362.

[90] Nittono, H., Fukushima, M., Yano, A., & Moriya, H. (2012). The power of kawaii: Viewing cute images promotes a careful behavior and narrows attentional focus. PLoS ONE, 7 (9), e46362.

[91] Nomura, H. & Matsuki, N. (2008). Ethanol enhances reactivated fear memories. Neuropsychopharmacology, 33 (12), 2912–2921.

[92] Oaten, M., & Cheng, K. (2006). Longitudinal gains in self–regulation from regular physical exercise. British Journal of Health Psychological Society, 11, 717–733.

[93] Ota, C., & Nakano, T. (2021). Self–Face Activates the Dopamine Reward Pathway without Awareness. Cerebral Cortex, 31 (10), 4420‑4426,

[94] Otsuka, T., Nishii, A., Amemiya, S., Kubota, N., Nishijima, T., & Kita, I. (2016). Effects of acute treadmill running at different intensities on activities of serotonin and corticotropin–releasing factor neurons, and anxiety– and depressive–like behaviors in rats. Behavioural Brain Research, 298 (Pt B), 44‑51.

[95] Parkinson, C. N. (1958). Parkinson's Law: The Pursuit of Progress. London: John Murray.

[96] Pessiglione, M., Schmidt, L., Draganski, B., Kalisch, R., Lau, H., Dolan, R. J., & Frith, C. D. (2007). How the Brain Translates Money into Force: A Neuroimaging Study of Subliminal Motivation. Science, 11, 316, 904–906.

[97] Pietschnig, J., Voracek, M., & Formann, A. K. (2010). Mozart effect‑Shmozart effect: A meta–analysis. Intelligence, 38 (3), 314–323.

[98] Propper, R. E., McGraw, S. E., Brunyé, T. T., & Weiss, M. (2013). Correction: Getting a Grip on Memory: Unilateral Hand Clenching Alters Episodic Recall. PLoS ONE, 8 (5), 10.

[99] Rabin, L. A., Fogel, J., & Nutter–Upham, K. E. (2011). Academic procrastination in college students: the role of self–reported executive function. Journal of Clinical and Experimental Neuropsychology, 33 (3), 344‑357.

[100] Raichle, M. E., MacLeod, A. M., Snyder, A. Z., Powers, W. J., Gusnard, D. A., & Shulman, G. L. (2001). A default mode of brain function. Proceedings of the National Academy of Sciences of the United States of America, 16, 98 (2), 676–82.

[101] Ramirez, G., & Beilock, S. L. (2011). Writing about Testing Worries Boosts Exam Performance in the Classroom. Science, 331, 211–213.

[102] Randolph, D. D., & O'Connor, P. J. (2017). Stair walking is more energizing than low dose caffeine in sleep deprived young women. Physiology & Behavior, 174, 128–135.

[103] Rein, G., Atkinson, M. & McCraty, R. (1995). The physiological and psychological effects of compassion and anger. Journal of Advancement in Medicine, 8 (2), 87–105.

[104] Rhee, H. & Kim, S. (2016). Effects of breaks on regaining vitality at work: An empirical comparison of 'conventional' and 'smart phone' breaks. Computers in Human Behavior, 57, 160–167.

[105] Riby, L. M. (2013). The joys of spring: Changes in mental alertness and brain function. Experimental Psychology, 60 (2), 71 – 79.

[106] Riskind, J. H. & Gotay, C. C. (1982). Physical posture: Could it have regulatory or feedback effects on motivation and emotion? Motivation and Emotion, 6 (3), 273 – 298.

[107] Rosekind M. R., Smith, R. M., Miller, D. L., Co, E. L., Gregory, K. B., Webbon, L. L., Gander, P. H., & Lebacqz, V. (1995). Alertness management: Strategic naps in operational settings. Journal of Sleep Research, 4 (Supplement 2), 62 – 66.

[108] Ruddock, H. K., Long, E. V., Brunstrom, J. M., Vartanian, L. R., & Higgs, S. (2021). People serve themselves larger portions before a social meal. Science Report, 11, 11072.

[109] Saito, N., Wakata, T., Terasawa, Y., Oba, K., & Moriguchi, Y. (2012). An fMRI study on the perception of the harmony of color and fragrance., Association International de la Couleur 2012 Conference Proceedings, 100–103.

[110] Salas, C., Minakata, K., & Kelemen, W. (2011). Walking before study enhances free recall but not judgement–of–learning magnitude. Journal of Cognitive Psychology, 23 (4), 507–513.

[111] Sawyer, R. K., & Berson, S. (2004). Study group discourse: How external representations affect collaborative conversation. Linguistics and Education, 15 (4), 387 – 412.

[112] Scullin, M. K., Gao, C., & Fillmore, P. (2021). Bedtime Music, Involuntary Musical Imagery, and Sleep. Psychological Science, 32 (7), 985–997.

[113] Skinner, B. F. (1954). The science of learning and the art of teaching. Harvard Educational Review, 24, 86.

[114] Skorka–Brown, J., Andrade, J., & May, J. (2014). Playing 'Tetris' reduces the strength, frequency and vividness of naturally occurring cravings. Appetite, 76, 161–165.

[115] Sumioka, H., Nakae, A., Kanai, R. & Ishiguro, H. (2013). Huggable communication medium decreases cortisol levels. Scientific Reports, 3, 3034. doi:10.1038/srep03034.

[116] Sun, X., Duan, C., Niu, G., Tian, Y., & Zhang, Y. (2021). Mindfulness buffers the influence of stress on cue–induced craving for Internet among Chinese colleges with problematic Internet use. Journal of Behavioral Addictions, 18. doi: 10.1556/2006.2021.00080. Epub ahead of print. PMID: 34797217.

[117] 田戸岡好香・井上裕珠・石井国雄 (2016). 自己他者概念と上下の運動感覚が妬みと羨望の生起に及ぼす影響，実験社会心理学研究, 55, 139–149.

[118] Takahashi, M., Fukuda, H., & Arito, H. (1998). Brief naps during post–lunch rest: effects on alertness, performance, and autonomic balance. European Journal of Applied Physiology and Occupational Physiology, 78 (2), 93–8.

[119] Taki, Y., Hashizume, H., Thyreau, B., Sassa, Y., Takeuchi, H., Wu, K., Kotozaka, Y., Noichi, R., Asano, M., Asano, K., Fukuda, H., & Kawashima, R. (2012). Sleep duration during weekdays affects hippocampal gray matter volume in healthy children. Neuroimage, 60 (1), 471–475.

[120] 田中辰雄 (2020). ゲームによる学力低下に閾値はあるか–想起による大規模調査–. 国際大学 GLOCOM DISCUSSION PAPER_No.15(20–001).

[121] Tashiro, A., Sakisaka, K., Kinoshita, Y., Sato, K., Hamanaka, S., & Fukuda, Y. (2020). Motivation for and Effect of Cooking Class Participation: A Cross–Sectional Study Following the 2011 Great East Japan Earthquake and Tsunami. International Journal of Environmental Research and Public Health, 17 (21), 7869.

[122] 東京ガス都市生活研究所（2011）.「シャワーによる眼の疲労回復効果」都市生活レポート.

[123] Tromholt, M.（2016）. The Facebook experiment: Quitting Facebook leads to higher levels of well-being. Cyberpsychology, Behavior, and Social Networking, 19, 661‐666.

[124] Tullett, A. M. & Inzlicht, M.（2010）. The voice of self-control: Blocking the inner voice increases impulsive responding. Acta Psychologica, 135, 252‐256.

[125] Vohs, K. D., Redden, J. P., & Rahinel, R.（2013）. Physical order produces healthy choices, generosity, and conventionality, whereas disorder produces creativity. Psychological Sciemce, 24（9）:1860-7.

[126] Ward, A. F., Duke, K., Gneezy, A., & Bos, M. W.（2017）. Brain Drain: The Mere Presence of One's Own Smartphone Reduces Available Cognitive Capacity. Journal of the Association for Consumer Research, 2（2）, 140-154.

[127] Weil, R., Klebanov, S., Kovacs, B., & McClelland, A.（2014）. Effects of simple distraction tasks on self-induced food cravings in men and women with grade 3 obesity. Poster presentation given at Obesity Week Conference, 2014.

[128] Wilkes, C., Kydd, R., Sagar, M., & Broadbent, E.（2017）. Upright posture improves affect and fatigue in people with depressive symptoms. Journal of Behavior Therapy and Experimental Psychiatry, 54, 143‐149.

[129] Wood, A. M., Joseph, S., Lloyd, J., & Atkins, S.（2009）. Gratitude influences sleep through the mechanism of pre-sleep cognitions. Journal of Psychosomatic Research, 66（1）, 43-48.

[130] Yagi, A., Hayasaka, S., Ojima, T., Sasaki, Y., Tsuji, T., Miyaguni, Y., Nagamine, Y., Namiki, T. & Kondo, K.（2019）, Bathing Frequency and Onset of Functional Disability Among Japanese Older Adults: A Prospective 3-Year Cohort Study From the JAGES. Journal of Epidemiology, 29（12）, 451-456.

[131] Yang, L., Holtz, D., Jaffe, S., Sure, S., Since, S., Weston, J., Joyce, C., Shah, N., Sherman, K., Hecht, B., & Teevan, J.（2021）. The effects of remote work on collaboration among information workers. Nature Human Behaviour. https://doi.org/10.1038/s41562-021-01196-4

[132] Zabelina, D. L., & Silvia, P. J.（2020）. Percolating ideas: The effects of caffeine on creative thinking and problem solving. Consciousness and Cognition, 79, 102899.

[133] Zhang, J. W., & Chen, S.（2016）. Self-Compassion Promotes Personal Improvement From Regret Experiences via Acceptance. Personality & Social Psychology Bulletin, 42（2）, 244‐258.

[134] Zimbardo, P. G.（1971）. The power and pathology of imprisonment. Congressional Record.（Serial No. 15, October 25, 1971）. Hearings before Subcommittee No. 3, of the Committee on the Judiciary, House of Representatives, 92nd Congress, First Session on Corrections, Part II, Prisons, Prison Reform and Prisoners' Rights, California. Washington, DC, U.S. Government Printing Office.

[135] van Lent, M., & Souverijn, M.（2020）. Goal setting and raising the bar: A field experiment. Journal of Behavioral and Experimental Economics, 101570.

[136] 柳澤弘樹・永松俊哉・甲斐裕子（2012）. ストレッチ運動が気分と局所脳血流に与える効果. 体力研究, 110, 8-12.

[137] 吉村勲・友田泰行（1993）. 生理心理機能の統合的時系列解析による疲労判定に関する研究. 人間工学, 29（3）, 167-176.

[138] 読書活動と学力・学習状況調査の関係に関する調査研究（静岡大学）https://www.mext.go.jp/b_